Walter Jens
Die Friedensfrau

Walter Jens

Die Friedensfrau

Nach der Lysistrate des Aristophanes

verlegt bei Kindler

Satz: Appl, Wemding
Druck und Bindearbeit: Franz Spiegel Buch GmbH, Ulm
Printed in Germany 5 4 3 2 1
ISBN 3-463-40044-8

Meinen Freunden
von der Friedensgruppe
GUSTAV HEINEMANN
Tübingen

Meine große Friedensfrau hat nur einen Namen,
sie heißt allgemeine Billigkeit, Menschlichkeit, tätige Vernunft.

Johann Gottfried Herder,
Briefe zur Beförderung der Humanität X. 119:
Sieben Gesinnungen der großen Friedensfrau

Personen:

Lysistrate
Kalonike
Myrrhine
Lampito
Kinesias
Polizeioffizier
Aufseher
Frauen, alte Männer, Polizisten,
viel griechisches Volk

I

Leere Straße, ein paar Häuser. Im Hintergrund die Burg von Athen: Aufgang, Mauer und Prachttor.

LYSISTRATE *(blickt sich mit dem Ausdruck enttäuschter Verwunderung nach allen Seiten um)*:
Niemand. Keine einzige.
Aus Sparta, Argos, Theben, Delphi, ja sogar aus dieser Stadt:
Nicht *eine* Frau.
»Sie werden kommen«, haben meine Botinnen gesagt,
Die in die fernsten Winkel Griechenlands aufbrachen,
Wohl versehn mit Geld und klugem Wort,
Um Frauen nach Athen zu laden, die verläßlich sind.
»Nur Mut, Lysistrate. Zur festgesetzten Stunde sind sie da.«
(blickt sich noch einmal um, schüttelt den Kopf)
Von wegen: *da!*
(seufzt)
Bald zwanzig Jahre Krieg.
Sechstausend Tage Angst,
Du hörst von Schlachten, Seegefechten,
Und du weißt: er ist dabei, dein Mann.
Ahnt einer, was das heißt?
Da ist kein Haus mehr, hier und anderswo,
Das nicht um einen Toten trauerte.
Um alte Leute, den vermißten Mann,
Der in Gefangenschaft gestorben ist:
Verhungert, ausgepeitscht, in Steinbrüchen verreckt.
Um halbe Kinder, deren Namen schon vergessen sind.
Und trotzdem geht das Leben weiter,
Als ob nichts geschehen sei.
Die Männer fallen, aber andre, junge, wachsen nach,
Und wer nach Hause kommt,

Verwundet, freigekauft, durch List,
Der nimmt die Axt, den Pflug, den Schraubstock wieder auf,
Wo er ihn niederlegte,
Damals, als es galt, das Handwerkszeug, die Sägen und die Hämmer,
Gegen Mordgeräte einzutauschen.
Ja! Und wir, wir Frauen, machen mit,
Und keine wehrt sich,
Keine rebelliert.
(schreiend) Nein! Nein! Sie kommen nicht!
(leiser) Sie kommen nicht. Ach, dieser Unverstand.
(Achselzucken) Wenn ich zum Tanz einlüde, Fraun,
Zum großen Fest der Liebe und des Weins,
Wo, wie die Dichter sagen,
Milch und Honig aus der Erde sprießt
Und wilde Scharen,
Weiber, eingehüllt ins Tiergewand,
Beim Fackelglanz das Land durchstreifen:
Gott! Du! Bakchos! Geh voran!
Stier! Bahne uns den Weg!
Dann wärt ihr alle, alle da!
Dann dröhnten Pauken,
Die Schalmeien jubelten,
Und ein Gedränge! Ein Gedränge wäre das!
Da gäb's kein Durchkommen;
(macht eine Geste mit Daumen und Zeigefinger)
Nicht *so* viel Platz.
Doch heute . . . hier!
(blickt sich wieder um)
Die Straßen ausgestorben. *(lauscht)* Nichts.
Ja, wenn jetzt Marktzeit wäre: was für ein Geschrei!
Wie sie sich schöben, stießen,
Drängelten und um die besten Plätze stritten:
Weg da, du! Ich kam zuerst!
(leise) Doch wo es um den lieben Frieden geht,
Da rührt sich keine Hand.
Wenn Volksversammlung ist und Männer, unter sich,
Verhandeln, was doch auch uns Fraun betrifft,
Dann bin ich stets die einzige:

Nein, keine Nachbarin zu sehn.
Ich nehme Platz, ich seh' mich um, ich gähne, recke mich,
Ich denke nach, kratze mein Haar, sprech' ein Gebet, hör' zu:
Und bin allein. *(Schritte, näherkommend)* Nicht ganz, wie's scheint.
He! Kalonike! Grüß dich Gott!

KALONIKE: Grüß dich, Lysistrate.
(sieht Lysistrate genauer an)
Du, sag mal, hast du was? Du siehst so traurig aus.
Ein bißchen griesgrämig. Ganz ungewohnt.
Stirnrunzeln steht dir nicht.
(mit einem Anflug von Ironie)
's macht dich alt.

LYSISTRATE: Alt? Du, das hör' ich aber gar nicht gern.
Ich weiß: die Brauen so zusammenzuziehn –
(macht eine Geste)
Hübsch ist das nicht. Jedoch, was hilft's?
Mir kocht das Herz vor Wut,
Ich könnte heulen,
Wenn ich an die Frauen denke, die mich jetzt ...
(abbrechend) Wie sagen Männer über uns?
»Frauen sind zu allem fähig.«

KALONIKE *(zum Publikum)*: Richtig. Das sind wir auch:
Schlau und geschickt.

LYSISTRATE: Nein, eben *nicht. (zeigt auf die leere Straße)* Da!
Alle sind hierher geladen,
Jede weiß: Es geht um eine Sache von Gewicht,
Und *keine* (außer dir, natürlich) kommt.
Die Damen schlafen noch.

KALONIKE: Sie kommen schon, Lysistrate:
Die haben schließlich noch zu tun, vergiß das nicht.
Da sind die Männer, die am Morgen,
Wenn der Spaß sie packt,
Noch rasch bedient sein wollen;
Da gibt's Diener, die man wecken muß,
Und dann die Kinder, die
(zählt an den Fingern auf)
Zu betten, zu waschen, zu kleiden, zu kämmen, zu stillen, zu ...

LYSISTRATE *(hält sich die Ohren zu)*: Ich weiß, ich weiß,
Hab' es ja selbst getan.

Doch es gibt anderes,
Und das ist wichtiger für uns:
(sehr leise)
Die Sache, um die's geht, mein Kind, ist groß.

KALONIKE: Wie? Groß?

LYSISTRATE: O ja!

KALONIKE: Auch . . . hart?

LYSISTRATE: Und ob!

KALONIKE: Entfaltungsfähig?

LYSISTRATE: Sogar sehr. *(für sich)* Das trifft's genau.

KALONIKE: Am Anfang winzig und am Ende riesengroß –
Ein Rausch des Glücks.

LYSISTRATE: Man kann's so nennen, ja.
(ernst) Das Glück braucht seine Vorbereitungszeit.

KALONIKE: Für Mann *und* Frau.

LYSISTRATE: Ich sehe, du verstehst mich gut.

KALONIKE *(zeigt, wie Lysistrate vorher, auf die leere Straße)*:
Wie dumm wir sind. Wir müßten *laufen,*
Wenn es *darum* geht.

LYSISTRATE *(plötzlich begreifend)*: Närrin, doch *darum* nicht!
Dann wär' der Platz längst überfüllt!
Nein, Kalonike, ich hab' etwas ausgedacht,
In langen Nächten,
Als ich wach lag
Und vor Sorgen keinen Schlummer fand.
(hält inne) Komm näher. Hör mich an:
Ich hab' mir überlegt, weißt du,
Es ist so einfach und zugleich so wunderlich . . .

KALONIKE: Nun red' schon, du.

LYSISTRATE *(bedeutungsvoll)*: Die Rettung Griechenlands
Hängt von uns Frauen ab.
Von uns allein.

KALONIKE: Dann ist der Faden aber ziemlich dünn,
An dem die Rettung hängt.

LYSISTRATE: Du irrst. Wenn alle mitmachten
(packt Kalonike am Arm) Und wir uns wirklich einig wären,
Hier, in Sparta, in Böotien und überall –
Wir retteten das Vaterland, wir Fraun.

KALONIKE: Wie? Wir? Mit Lippenstiften? Stöckelschuhn?
Dem Hurentäschchen überm Arm womöglich noch?
Im Kleid, das hinter Gazeschleiern unsern Busen zeigt?
Und dann das Haar, mit bunten Blumen aufgesteckt?
Die Haut geschminkt, die Brauen ausgezupft?
Das Röckchen kurz, der Absatz hoch?
LYSISTRATE *(hat unentwegt genickt – Ja! Ja! Ja! Ja!)*:
Das habe ich gemeint, als ich von Rettung sprach:
Den Lippenstift,
Den Flitterrock,
Die Bluse (wenn sie eine ist)
Und *(auf Kalonikes Busen deutend)* das
Und *(auf Kalonikes Hintern weisend)* das
Und das ... Du weißt ja schon.
KALONIKE: Nein. Wirklich nicht.
LYSISTRATE: Ach, du bist dumm. Du sagst's ja selbst.
(erklärend) Das Mieder und das Höschen,
Schminke, Salbtopf, Nagellack, ihr jungen Frauen,
Davon hängt die Rettung ab,
Die Wohlfahrt der Nation!
Der Faden, Kalonike, ist ein dickes Tau.
Das hält, wenn wir nur wolln.
(reibt sich die Hände)
Mein Plan ist gut.
KALONIKE: Und dient wozu?
LYSISTRATE: Daß nie ein Mann den Spieß auf einen anderen mehr richtet,
Seinen Feind.
KALONIKE: Wie? Fabelhaft! Mein Lippenstift! Die Schminke her!
LYSISTRATE: Daß keiner je, weil Krieg ist, seine Rüstung schmieden muß.
KALONIKE: Die Stöckelschuhe! Aber rasch!
LYSISTRATE: Keiner ein Schwert benutzt.
KALONIKE *(winkend)*: Auf, Dienerin, bring mir das Gazekleid!
LYSISTRATE: Du siehst: sie müßten kommen. Alle Frauen!
KALONIKE: *Kommen? Fliegen* müßten sie!
Sandalen: Papperlapapp!
Hier wären Flügel not.
LYSISTRATE *(nüchtern)*: Ich denke, Schuhe täten's auch.

(wieder unruhig Ausschau haltend) Wenn sie nur kämen.
Die verfluchte Bummelei!
Immer zu spät, die Damen aus Athen.
Das war schon, als ich jung war, so:
Nun, manche lernen's eben nie.
(zur anderen Seite blickend) Wenn wenigstens die Fraun aus Salamis . . .

KALONIKE: Ja, sonderbar:
Sind sonst doch alleweil die ersten,
Wenn's ans Ruder geht.
Die Planken blank! Und stets an Deck!
Doch heute . . .

LYSISTRATE: Wie verhext ist das. Selbst die Acharnerfrauen,
Die verläßlichsten von allen,
Kommen nicht.
(verzweifelt) Und wenn's nur *eine* wäre:
Irgend jemand *muß* doch pünktlich sein.
Da! Zeus sei Dank.

(Auftritt Myrrhines mit zahlreichen Frauen. Allgemeine Begrüßung)

KALONIKE: Myrrhine, Schatz! Laß dich umarmen, du!

LYSISTRATE: Na bitte schön. Ich wußte ja,
Auf die Acharner kann man baun.
(zu den Frauen) Trotzdem: Ihr wißt genau,
Durch meine Boten unterrichtet,
Daß es hier um eine große Sache geht.
(streng) Warum kommt ihr erst jetzt?

MYRRHINE: Ich fand, du magst es glauben oder nicht, Lysistrate,
Den . . . *(sucht eine Ausrede)* Gürtel nicht so schnell.
Es war noch dunkel, als wir losmarschierten.
Nun, was gibt's?

(*Frauen, ungeduldig:* Nun sag schon! Rede! Auf, Lysistrate!)

LYSISTRATE: Das hab' ich gern, ihr junges Volk: Man kommt zu spät
Und wird noch unverschämt.
Ich hab' gewartet,
Und *ihr* werdet mir dabei Gesellschaft leisten.
(beruhigend, da die Frauen murren) Kommt,
Es dauert ganz gewiß nicht lang,
Bis die aus Sparta und Böotien . . .

KALONIKE: Da sind sie schon! Dort!

LYSISTRATE *(die Arme ausstreckend)*: Lampito!
Wie groß du bist! Wie schön!
Du warst beinahe noch ein Kind,
Ein junges Mädchen, meine ich,
Es ist schon lange her,
Die Zeit des Waffenstillstands,
Allzu kurz,
Ja, jetzt besinn' ich mich.
Du kamst mit deinem Vater,
Chremes, doch, so hieß er wohl.
Grüß dich, mein Töchterchen.

LAMPITO *(Dialekt redend, nach einer akkuraten Verbeugung)*:
Ja, guten Tag, Lysistrate.

LYSISTRATE *(zu den Frauen)*: Nehmt euch ein Beispiel, allesamt,
An dieser jungen Frau.
Bedenkt: Da machen Männer Krieg,
Doch sie, die Feindin, die Spartanerin,
Sie hält, als gäb' es keine Grenzen,
Keine Frontverläufe mehr,
Wie eine Friedensgöttin ihren Einzug in Athen.
Bravo, mein Kind!

(alle klatschen)

Du hast Courage und bist obendrein noch hübsch.
Ach, Unsinn, *hübsch!* Ich find' dich *schön.*
(betastet Lampito) Die Haut: ganz zart.
(einen Schritt zurücktretend) Und die Figur – voll Kraft.
Du hast ja Muskeln wie ein Mann.
(anderer Tonfall) Man turnt in Sparta?
(die Muskeln betrachtend) Ja, man turnt.

LAMPITO *(macht einen Spagat)*: Könnt ihr das auch?

(steht wieder auf)

Alles nur Übung. Tag für Tag.
(ein paar Sprünge, dazu rhythmisch sprechend) Und Po an Fuß, und Fuß an Po, und Po an . . .

(die Frauen klatschen Beifall und umringen Lampito)

KALONIKE: Und Brüste hast du:
Schön wie Äpfelchen.
Augäpfelchen.

LAMPITO: Das kommt vom Üben. Und nun laß mich los.

Bin schließlich nicht dein Opferlamm.
Das sich betasten läßt.

LYSISTRATE: Sie meint es nicht so, Lampito.

(geht, der Spartanerin den Arm um den Hals legend, auf andere inzwischen eingetroffene Frauen zu)

Und du, woher bist du?

EINE FRAU: Ich? Aus Böotien?

ZWEITE FRAU: Fraun, das ist gut! Böotien, da sind die Ebenen,
Wenn's heiß wird, ratzekahl.
So kahl wie die *(Geste)* da unten ist.

(Gelächter, Gezänk)

LYSISTRATE: Ruhe, sage ich! *(zu einer dritten Frau)* Und du hier? Ihr?

DRITTE FRAU: Wir – aus Korinth.

(Frauen, durcheinanderrufend: Und wir aus Theben! Delphi! Chalkis! Sunion! Wir sind [*Geste*] am Busen eines großen Meeres zu Haus! Wir: [*Geste*] an der Bucht der Seligkeit. Wir: [*Geste*] an der schroffen Spalte zwischen Berg und Berg! Und an den Schenkeln unterhalb der schwarzen Wälder: wir!) [*ausgelassenes Gelächter*]

LYSISTRATE: Still jetzt!
Spart eure Kräfte auf,
Und auch die Dreistigkeit,
Die Stunde kommt schon,
Wo ihr beides braucht.

(plötzliche Stille)

LAMPITO: Ja. Sie hat recht.
Was solln wir tun, Lysistrate?

MYRRHINE: Die Botin sagte, daß die Sache wichtig sei,
Jedoch, worum es geht . . .

KALONIKE: Genaueres . . .

ERSTE FRAU: Ich weiß von nichts.

ZWEITE FRAU: Ich auch nicht. Nur so ungefähr.

DRITTE FRAU: Sprich, alte Frau.

LYSISTRATE: Ich bin bereit.

(geht vor den Frauen auf und ab)

Jedoch, erlaubt, bevor ich rede, eine Frage, eine einzige,
(Gesten) An dich und dich und dich und dich da auch.
Ihr seid allein; denn er, der euch der Liebste ist,
Der Mann, der ist im Feld,
Und ihr habt Angst um ihn

Und Sehnsucht nach dem einen,
Den ihr Freund und Vater eurer Kinder nennt, nicht wahr?
ERSTE FRAU: Ja. Meiner steht in Thrakien.
Ein Jahr schon und kein Urlaubstag.
ZWEITE FRAU: Ein Jahr? Das ist nicht viel.
Mein Mann hat seinen Jungen nie gesehen –
Und Charmides wird drei im Herbst.
DRITTE FRAU: Meiner war einmal da, für eine Nacht.
Doch eh' es Morgen wurde, haben sie ihn wieder abgeholt.
»Wir brauchen ihn«, hieß es. Er ging nicht gern.
Das war im März. Seitdem hab' ich nichts mehr von ihm gehört.
ERSTE FRAU: Verfluchtes Leben ohne Mann!
Ich halt' das nicht mehr aus!
ZWEITE FRAU: Ich auch nicht!
DRITTE FRAU: Ich schon lange nicht.
LYSISTRATE: Nun gut. Ich kenn' ein Mittel, das euch allen hilft.
ERSTE FRAU: Du, alte Frau? Was weißt denn du?
LYSISTRATE: Mehr als du denkst, Korintherin.
(Pause, dann sehr ernst)
Nehmt einmal an,
Ich wüßte wirklich jenes Zaubermittel,
Das dem Krieg von einem Tag zum anderen ein Ende machte,
Wärt ihr dann bereit, mit mir zu gehen?
Wollt ihr Frieden, Fraun?
VIELE FRAUEN: Und wenn wir sterben müßten: ja!
(allgemeine Begeisterung)
KALONIKE: Dies Kleid hier würde ich versetzen.
Und den Schmuck dazu.
ERSTE FRAU: Vertrinken all mein Hab und Gut!
MYRRHINE: Und ich? Aufschneiden könnt ihr mich wie einen Fisch.
Zerteilt mich! Eine Hälfte ist für euch!
LAMPITO: Ich aber würde ins Gebirge laufen,
Auf den höchsten Berg in Eis und Schnee,
Bis hin zum Gipfel, und ich würde schreien:
Frieden! Frieden überall! Der Krieg ist aus.
(alle einfallend)
LYSISTRATE: Gut, Kind, dann hör. Und ihr da auch!
Jetzt sag' ich es.
Wenn ihr die Männer zwingen wollt,

(Pause, dann sehr gewichtig)
Frieden zu schließen, jetzt und hier,
Müßt ihr verzichten.
KALONIKE: Und worauf?
LYSISTRATE: Verzichten, sag' ich. Wollt ihr das?
(Frauen wiederholen: Und wenn wir sterben müssen: Ja! Wir schwören es!*)*
LYSISTRATE: Verzichten auf die Liebe. Auf den Mann. Die Lust. Das Bett.
(das Entsetzen der Frauen wird bei jedem Wort größer)
Wie das? Ihr kehrt euch ab
Und wart doch eben noch bereit,
Eher zu sterben als ... Ihr habt geschworen, Fraun!
Wo wollt ihr hin? *(zeigt)* Die weint tatsächlich,
Die da ist ganz blaß,
Und die hier ballt die Faust,
Mit ihrer Schwurhand,
Und sie schämt sich nicht einmal dafür.
Ihr seid ja schlimmer noch als ... Männer,
Und die, bei Gott, sind schlimm genug!
MYRRHINE: Ich hab's mir überlegt, Lysistrate.
(Pause)
Dann lieber Krieg.
LYSISTRATE: »Ich will mein Kleid versetzen und den Schmuck dazu!«
Das nenn' ich mir ein Wort!
(blickt die andern Frauen an)
KALONIKE: Ja. Der Krieg soll weitergehn.
LYSISTRATE: Du stinkend-fauler Fisch!
Du tote Flunder, du!
»Zerschneidet mich und nehmt die Hälfte hin!«
(schüttelt sie) Hast du das etwa nicht gesagt?
Komm, mach das Maul auf, Fisch!
MYRRHINE: Du hast gut reden, alte Frau.
Du brauchst den Mann nicht mehr.
LYSISTRATE: Ach, wirklich? Sieh mal an, wie die mich kennt!
Und wenn's so wäre, liebe Myrrhine,
Sei dankbar, du,
Daß jemand vor dir steht,
Der *(Geste)* ein Gehirn hat.

Ein Gehirn! Und nicht, wie du, nur eine Kutsche,
Aber keinen Kopf.
O Frauen, Frauen! Was für ein Geschlecht seid ihr:
Da muß man, scheint es, sechzig – fünfundsechzig! – werden,*
Um Vernunft zu lernen.

KALONIKE: Verlange von mir, was du willst, Lysistrate,
Laß mich durchs Feuer gehen,
Bade mich in Schnee und Eis,
Setz mich in Wüsten aus,
Bei Nacht, wenn's sein muß.
Nimm mir alles, was ich hab',
Wenn du mir *(kniefällig)* – bitte! – nur den einen läßt,
Denn über den, Lysistrate, geht nichts.

LYSISTRATE *(zu Myrrhine)*: Denkst du das auch?

MYRRHINE *(ebenfalls kniefällig)*: Durchs Feuer: Ja!
Doch nur mit einem Mann!

LYSISTRATE *(plötzlich wieder friedlich)*: Aber den kriegt ihr ja:
Für immer, und nicht nur, wie jetzt,
Für kurze Zeit.
Für immer, Frauen, und kein Tod schaut zu,
Im Bett,
Und auch nicht, beigesellt der Lust, die Angst:
›Weh! Was wird morgen sein?
Gibt es ein nächstes Mal?‹
Besinnt euch, Mädchen, noch ist Zeit.
Ein bißchen Grips nur,
Nur ein Quentchen List
Und eine kleine Prise voller Witz –
Und alles ist im Lot.

(Schweigen, Lysistrate für sich)

Bleibt also nur die Turnerin.
(lauter) Wenn wir zusammenhalten, Lampito, wir zwei,
Dort Sparta, hier Athen,
Die junge und die alte Frau,
Dann schaffen wir's am Ende doch.

(Pause)

Lampitochen, sag schon was!

* oder *(je nach dem Alter der Lysistrate-Darstellerin):*
Da muß man, scheint es, fünfzig – oder älter! – werden,

LAMPITO *(nach langer Pause)*: Leicht ist das wirklich nicht,
Ich mein', für eine Frau,
Allein, ohne den Petermann,
Den Lorenz, wenn du mich verstehst,
Nein? Dann: den Schwartenmichel,
Schön, den Käsedolch, ins Bett zu gehn,
Den Lausewenzel eben, alte Frau.
(lächelt, Lysistrate lächelt, Einverständnis zeigend, ebenfalls)
Es geht nicht anders, wie? Geht wirklich nicht?
(Lysistrate schüttelt den Kopf) Dann muß es sein.
Du hast mich überzeugt, Lysistrate. Ich mache mit.
LYSISTRATE *(Lampito an sich drückend)*: Ach, Kindchen, Liebste!
Ich hab's ja geahnt!
Ja, du bist eine Frau.
(leise, Lampito beiseite nehmend) Außer mir: die einzige.
Du hast Verstand!
(kehrt zu den anderen Frauen zurück)
Und ihr?
KALONIKE *(zu den Frauen: im Akt des Lautdenkens)*:
Nehmt einmal an, wir täten es –
Das heißt: wir täten nichts –
(Verhüt' das Gott!)
Nehmt an, wir Fraun verzichteten,
(Geschäh' das nie!)
(zu Lysistrate) Verzichteten,
Wie du verlangst:
Dann gäb' es dadurch wirklich Frieden?
LYSISTRATE: Meine Hand darauf.
(abwinkend, als Zweifel aufkommt) Ich weiß, wie Männer denken,
Denn ich kenne sie,
Und ziemlich lange schon.
Ob einer alt ist
Oder noch ein junger Fant,
Glatt oder bärtig,
Feist, bucklig, triefäugig
Und ob ein Schmerbauch kaum noch atmen kann,
Ein Spindeldürrer mit gespitzten Rippen durchs Gelände läuft:
In *einem* sind sie alle gleich,
Und auf dies *eine* eben ist mein Plan gebaut.

(winkt die Frauen zu sich heran)
Ihr braucht nicht mehr zu tun,
Als still im Haus zu sitzen,
Schön geschminkt,
Den leichten Morgenrock über den Schultern *(Geste):* so,
Den Busen frei,
Den Feigenkranz rasiert . . .
Und dann, ganz langsam,
Steht ihr auf,
Sehr lässig – ja nicht rasch! –
Und streicht mit eurem losen Kleid,
So nahe, daß es ihn beinahe berührt,
An eurem Mann entlang.
Das prickelt, sag' ich euch, das juckt und brennt
Und reckt – wie sagtest du doch, Lampito? –
Den Petermann.
Doch dann zurück. Kein Kuß!
Distanz! *(eindringlich)* Di-stanz, hört ihr?
Und rasch davon!
Das wird ein Friede, Fraun!
So schnell ist nie ein Waffenstillstand
Abgeschlossen worden.

LAMPITO: Ihr, die hat recht. Schlagt im Homer nach:
Als Menelaos seine Helena –
Sie, die er töten wollte,
Weil sie ihn betrog –
Nach Jahren wiedersah,
Zog sie das Hemdchen aus.
Er sah die Brust,
Und schon, was glaubt ihr wohl? *(Geste)*
Weg war das Schwert.
Es hinderte.

(Lachen und Beifall)

MYRRHINE: Recht amüsant, ja, find' ich auch.
Was aber ist, wenn sie uns einfach sitzenlassen?
Uns verschmähn?

LYSISTRATE: Sei unbesorgt. Schlafzimmer sind nicht Klöster,
Wo gebetet wird.

MYRRHINE: Und wenn sie nun Gewalt anwenden?

Erste Frau: Uns bedrohn: Ins Bett, Weib,
Sonst schlag' ich dich windelweich?
Lysistrate: Dann halte dich am Türknauf fest –
Und schlag zurück.
Zweite Frau: Obwohl sie stärker sind?
Lysistrate: Ihr werdet sehn, die geben auf.
's macht keinen Spaß,
Wenn ihr euch sträubt.
Zu rechter Lust gehören zwei!
Freiwillige!
Und kein Rekrut, der zu parieren hat.
Myrrhine: Jedoch wir sind nur wenige, wir hier!
Lysistrate: Aber ein Beispiel für ganz Griechenland!
Im übrigen, der arme Bauer,
Dikaiopolis hieß er,
Der ganz allein, mitten im Krieg,
Mit Sparta seinen Frieden schloß,
Und auch der Winzer,
Der zum Himmel flog,
Trygaios,
Um die Friedensgöttin,
Die der Krieg vergraben hatte,
Zu befrein und auf die Erde heimzuholen:
Die waren *mehr* allein als wir,
Die zwei.
Erste Frau: Die Märchenheldin: Ja, die schon!
Zweite Frau *(abschätzig)*: Theatermänner.
Dritte Frau: Phantasiefiguren,
Ausgedacht von Aristophanes.
Erste Frau: Doch hier, Lysistrate,
Ist kein Theater,
Hier ist Wirklichkeit.
Lysistrate: Und wird da etwa nicht gespielt?
Kennt denn der Alltag keine Dramen?
Keine Trauerspiele
Und Komödien,
Von denen nicht einmal ein Lustspieldichter träumt?
Und, andrerseits, gibt's auf der Bühne nichts als Trug und Gaukelei?

Das hier ist ernst, ihr Fraun,
Und weil's so ernst ist,
Nur mit Witz und Spiel,
Im kecken Gleichnis zu ertragen.
Krieg verlangt Gelächter, freche Zoten,
Nicht nur Tränen,
Um durchschaut zu werden. *(Pause)*
Wenn wir uns wirklich einig wären –
Ehefrauen, Freundinnen, Hetären
(Ja, die auch!) –,
Dann gäb's kein Schlupfloch mehr,
Kein einziges,
In dem die Männer unterkriechen könnten;
Alle säßen auf dem Trockenen!
(Gelächter, Beifall)

KALONIKE *(nach einer Pause, überzeugt)*: Gut, wenn das *so* ist,
Mach' ich mit.
(stellt sich auf eine Seite; die Frauen, eine nach der anderen, gleichfalls: Ich auch. Und ich. Ich bin dabei.)

LAMPITO *(turnerische Geste)*: *Wir* werden sie schon beim Schlawittchen packen,
Wir Spartanerinnen. *(als ob sie einen Hund bändigen wolle)* ›Kusch!
Mach Friede! Hopp! Na, willst du wohl?
(drohend) Und keine List dabei, das sag' ich dir!‹
Doch ihr da, Frauen von Athen,
Ein bißchen windig seid ihr schon,
Mal so, mal so, und niemand weiß so recht,
Woran er mit euch ist.
Wer bürgt dafür, daß ihr nicht irgendwann
Den dummen August spielt?
(breiter Dialekt) »Ich«, sagt ihr dann, »ich weiß von nix.«

LYSISTRATE: Nein, Lampito! Hab keine Angst!
Ich bürge selbst für sie.
Ich bin Athenerin.

LAMPITO *(hartnäckig)*: Die Schiffe aber, die im Hafen liegen,
Hältst auch du nicht auf.
Das sind Fregatten, keine Ruderboote, Frau.
Und euer Staatsschatz auf der Burg:

Mit dem da oben *(Geste)* habt ihr euren Raubkrieg finanziert
Und tut es immer noch!

LYSISTRATE: Nicht lange mehr.
Ich hab' für alles vorgesorgt.
Für *alles:* ja!
(große Spannung, die Frauen kommen näher)
Noch diesen Morgen werden wir die Wachen überrumpeln
Und die Burg besetzen.

KALONIKE: Ohne Gegenwehr?

LYSISTRATE *(winkt die Frauen noch näher heran)*: Wir tun, als ob wir opfern wollten,
Nehmen Krüge und geweihte Speisen mit,
Auch Öl und Wein.
Doch plötzlich gebe ich das Zeichen, so,
(pfeift auf zwei Fingern)
Dann brechen wir die Türen auf,
Es geht ganz leicht, ich hab's schon mal probiert,
So ein klein bißchen,
Nehmen uns den Tempelschatz
Und sind, mit einem Schlag,
Die Herrinnen von Attika.
Was sagt ihr jetzt?

LAMPITO: Gefällt mir gut, der Plan.
Hat Hand und Fuß.

KALONIKE: Und warum warten wir dann noch?

LYSISTRATE: Erst wird geopfert. Und zwar echt,
Nicht nur zum Schein.
(Das kommt erst später dran, vorm zweiten Akt.)
Auf, Lampito, tritt vor
Und schwör mit mir den Friedenseid.

LAMPITO: Auf welche Formel?

KALONIKE: Und wo ist das Opfertier?

MYRRHINE: Was wird geschlachtet?
Eine Kuh? Ein Hahn? Ein fettes Schaf?

LYSISTRATE: Kein Tier. Wo denkt ihr hin?
(geht nach hinten, rollt, unter Assistenz einiger Frauen, ein großes Weinfaß auf die Bühne)
Aus Samos. Und vom besten.
Rein und unvermischt.

Kein Grämmchen Zusatz drin.
Das schlachten wir, das Faß,
Und schwören bei Dionysos
Und Aphrodite,
Die der Liebe und dem Frieden freundlich ist:
Hebt eure Finger, Fraun. Wir schwören:
(auf das Faß zeigend)
Hier kommt niemals Wasser rein.

LAMPITO: Das ist noch mal 'n Eid! Den führ' ich auch in Sparta ein.
Der sitzt.

LYSISTRATE: Und nun den Kelch.
(wird gebracht)
Komm, Lampito, ans Werk!

LAMPITO *(beugt sich über den Stöpsel des Weinfasses)*: Ich hab' den Hahn
Beim Schopf! *(Gekicher)* Jetzt, Freund, zeig, was du kannst!
(dreht den Spund um, der Wein fließt in die von Frauen gehaltene Schale)
Mein Gott, hat der 'ne Blume, dieser Kerl!
(stärkeres Gekicher, Lysistrate gebietet Schweigen)

LYSISTRATE: Du! Überzeugungskunst!
Göttin Beredsamkeit!
Du, Trank der Liebe!
Nehmt das Opfer an
Und seid uns Frauen gut.
Laßt unser Werk gedeihen
Und laßt Frieden sein.

KALONIKE: Welch eine Farbe, schaut!
Das nenn' ich Opferblut.
Seht nur, wie hell er strömt.

LAMPITO: Und ein Geruch, nicht wahr? Hmm! Hmm! Das schmeckt.
(riecht und hebt den Kelch)

LYSISTRATE: Halt da! Erst wird geschworen,
Und zwar nüchtern, wie es sich gehört.
Ich spreche vor, und ihr,
Als erste *(auf Lampito deutend)* die Spartanerin,
Fallt ein:
Dann gilt der Eid.
(Die Frauen scharen sich um den Kelch, einige berühren ihn.)

LYSISTRATE: Nie soll ein Hausfreund, nie ein Ehemann
FRAUEN *(murmelnd)*: Nie soll ein Hausfreund, nie ein Ehemann
LYSISTRATE: Mir nahen mit gezücktem Spieß.
KALONIKE: Mir nahen mit gezücktem Spieß. O Gott, Lysistrate,
Ich werde schwach.

(hält sich an den umstehenden Frauen fest)

LYSISTRATE *(unbeirrt)*: Ich schmücke mich und will mein Haar mit Blumen kränzen.
FRAUEN *(einfallend)*: . . . Blumen kränzen.
LYSISTRATE: Alles tun will ich, damit mein Mann
In hellen Liebesflammen steht.
Myrrhine, du.
MYRRHINE *(schluchzt)*: Liebesflammen steht.
LYSISTRATE: Doch niemals ihm zu Willen sein.
Übt er jedoch Gewalt,
Dann rühre ich mich nicht,
Und stell' mich tot.
KALONIKE *(tieftraurig)*: Stell' mich tot.
LYSISTRATE *(anderer Tonfall)*: Und keine Kunststücke,
Daß ihr's nur wißt!
(wieder wie bisher) Halt' ich den Eid,
Dann soll das Faß mich laben.
FRAUEN: Halt' ich den Eid, dann soll das Faß mich laben.
LYSISTRATE: Doch brech' ich ihn, dann mag der Wein zu Wasser werden.

(Frauen brechen in allgemeinen Jubel aus)

LYSISTRATE: Gut. Dann trinke ich.

(nimmt gewaltige Schlucke)

KALONIKE: He! Nicht soviel. Bist du bei Trost?
Wir wollen auch noch was.
LYSISTRATE *(gibt Lampito den Kelch):* Zuerst kommt Lampito,
Die hat den längsten Weg.
Viel Glück, mein Kind!
LAMPITO *(auf ihre Muskeln zeigend)*: Ich schaff' es schon.
LYSISTRATE *(wie vorher auf ihre Stirn tippend)*: Jawohl. Du könntst mein Ziehkind sein.
Mach's gut, Lieb, bring's bei euch in Ordnung
Und komm bald zurück.

(Lampito ab, Abzug der Spartanerinnen, allgemeiner Aufbruch der Gäste)

LYSISTRATE: Wir aber,
Frauen aus Athen,
Ziehn auf die Burg:
Ein Pilgerzug,
Der opfern will.
Hinauf! Hinauf!

(alle: Hinauf!*)*

Der Kampf beginnt.

(das Licht verlischt langsam)

KALONIKE: Nun, hab' ich recht?
Wir Frauen *sind* zu allem fähig. Ja.

(sich zum Publikum, an der Rampe, hinunterbeugend)

Vorausgesetzt, wir haben eine bei uns wie:
Lysistrate!

(Leiser Gesang und Flötenmusik, die, während die Bühne umgebaut wird, in lauter werdende Rufe, Schimpfgeschrei und Geräusch von Kampfgetümmel übergeht. Im Augenblick, da das Licht wieder aufleuchtet, wird die Burg von Athen mit dem großen Prachttor sichtbar. Vorn links, hell angestrahlt, eine Gruppe alter Männer; rechts hinten, im Halbdunkel, etwas erhöht, oberhalb der Mauer, athenische Frauen. Die Männer tragen Holzkloben und, an Tragebalken, eine große Feuerpfanne. Sie marschieren im Kreis.)

II

AUFSEHER: Und Schritt. Und Schritt. Und Schritt!
Nur munter, Leute!
Keine Müdigkeit!
Wir sind bald da.
(ein Mann läßt seinen Kloben fallen)
Mann! Tölpel! Paß doch auf!
(hilft ihm beim Aufheben)
Na siehst du, geht ja schon.
Die Hälfte habt ihr hinter euch.
(trinkt aus der Flasche)
ERSTER MANN: Das Schlimmste kommt erst.
ZWEITER MANN: Gleich wird's steil.
DRITTER MANN: Der riecht schon Weiberfleisch.
ZWEITER MANN: Ich mein' die Rampe, Mann.
AUFSEHER: Für Kerls, wie ihr seid,
Kein Problem.
VIERTER MANN: Besetzen einfach unsre Burg.
ERSTER MANN: *Meine* Akropolis –
Ist das ein Ding?
ZWEITER MANN: Die soll'n sich nicht zu früh freun, die.
Das Holz ist trocken.
DRITTER MANN: Ja. Und ziemlich schwer.
VIERTER MANN: Doch brennen tut es gut.
ERSTER MANN: O Gott, mein Kreuz.
Ich kann nicht mehr.
AUFSEHER: Nun komm schon, Praktor.
Denk an Marathon. Das hilft.
Du warst doch auch dabei.
ERSTER MANN *(geht weiter)*: Ich? Bei der vierten. Klar.
AUFSEHER: Na also.

ZWEITER MANN *(zum dritten)*: Du, ich seh' sie schon die Tücher schwenken,
Unterröcke, Hemdchen, weiße Fahnen:
Wir ergeben uns.
DRITTER MANN: Mann, wird *das* ein Fest:
Ausgeräuchert wie ein Bienenschwarm!
AUFSEHER: Und Schritt. Und Schritt. Und ...
He! Du! Paß auf das Feuer auf!
(pustet in die Kohlen, die aufglimmen und einen ungeheuren Qualm verursachen)
VIERTER MANN: Ich seh' nichts mehr!
FÜNFTER MANN *(schon fast im Qualm verborgen)*: Warst du das, Lysias?
ERSTER MANN: Nein, ich bin hier.
AUFSEHER: Ruhe, Männer. *(hustend, niesend)* Keine Panik jetzt.
Parole: Marathon.
Das *Feuer* lebt: das ist die Hauptsache.
Pff! Brennt wie Zunder gleich,
Das Holz.
(schüttelt die Faust in Richtung auf die Burg)
Ihr Räucheraale, bald ist's aus mit euch!

(Lichtwechsel: Während die Männerseite in Qualm und Dunkel versinkt, werden die Frauen hell angeleuchtet: Man reicht einander – Pst! Still doch! Nicht so laut! –, auf Zehenspitzen schreitend, Wasserkrüge, Kannen und Eimer zu: mit einer jugendlichen Eleganz, die das tumbe, eingedrillte Stampfen der Marathon-Kämpfer doppelt lächerlich macht.)

ERSTE FRAU *(hält, als Wache, an der Mauerbrüstung Ausschau, legt den Zeigefinger an den Mund: alle schweigen, man hört das Tappen der Männerkolonne)*:
Rasch geht das nicht.
Die müssen ziemlich alt sein,
Glaube ich.
ZWEITE FRAU: Ersatzreserve, Veteranen.
DRITTE FRAU: Da! Der Qualm!
VIERTE FRAU: Die woll'n uns rösten.

Fünfte Frau: Mal so richtig einheizen.
Erste Frau *(auf die Krüge deutend)*: Aber das Bad wird kalt.
(leises Lachen)
Zweite Frau: Ach, Schwestern, war das ein Gerenne,
Eben auf dem Markt.
Ein Klirren und Scheppern ...
Dritte Frau: Und Stoßen und Dröhnen am Brunnen.
Vierte Frau: Ich hätte nie gedacht, daß es so viele Eimer gibt:
Mehr als, im Mai, beim Kannenfest. *(Geste)*
O Zeus! Das wird ein Wasserfall.

(Allgemeines Gelächter)
(Lichtwechsel; die Männer stampfen noch langsamer als vorher voran)
Erster Mann: Ist deine auch dabei?
Zweiter Mann: Glaub' schon. Und deine?
Erster Mann: Immer vorneweg. *(leise)* Wenn *ich* zu sagen hätte, du,
Ich hungerte sie aus, die Frauen.
Das ist nicht so anstrengend.
Zweiter Mann: Und dauert länger.
Erster Mann: Eben. Bin ganz froh,
Wenn ich sie los bin, meine Alte,
Ein paar Wochen jedenfalls.
Aufseher *(immer noch hustend)*: Habt ihr die Fackeln, Leute?
Es ist gleich soweit. Und Schritt ... und ...
Dritter Mann: Deine Einheit damals?
Vierter Mann: Dreiundzwanzigste.
Dritter Mann *(respektvoll)*: Tolle Kerls! Der Sturmangriff beim Morgengraun.
Vierter Mann: Sechs Wochen nicht gewaschen. Zeiten waren das!
Dritter Mann: Und ein Jahr nicht rasiert. Den Bart bis auf die Brust.
Vierter Mann: Ja. Hat uns hart gemacht, der Krieg.
Dritter Mann: Mit uns wär' Sparta längst besiegt.
Vierter Mann: Zu weichlich alles, heute.
Dritter Mann: Wette, diese Jungen ließen sich das Holz
Mit Packeseln befördern.
Vierter Mann: Ganz bestimmt. Die alte Garde: die war einmalig.
Fünfter Mann: Da, die Burg!
Alle: Göttin Athene! Wir befreien dich!

ERSTER MANN: Verdammt! Die Schulter sticht.
ZWEITER MANN: Und meine Wirbelsäule ...
FÜNFTER MANN: Und mein Puls!
AUFSEHER: Nur grad die Biegung noch! Knapp hundert Meter.

(Lichtwechsel)

ERSTE FRAU: Alles fertig? *(die anderen nicken: Ja. Randvoll. Die erste Frau blickt sich um)* Das reicht für hundert.
Eimerkette? Gut.
Geräte griffbereit?

(die Frauen machen ein V-Zeichen)

(Die Männer tauchen auf, während die Frauen, mit verschränkten Armen, lächelnd zu ihnen herabsehen.)

ERSTER MANN: Da sind sie! Die Verräterinnen!
ZWEITER MANN *(obszöne Geste)*: Spießgesellen der Spartaner!
DRITTER MANN *(ebenso)*: Prob'n den Dolchstoß ...
VIERTER MANN: In Athenes Heiligtum!
FÜNFTER MANN: Aufgehetzt von drüben!
ERSTER MANN: Vetteln!
AUFSEHER *(mit den Händen als Sprachrohr vor dem Mund)*: Pazifistinnen!
ERSTER MANN: Glaubt ihr, wir Männer schauten zu
Und ließen's ungestraft,
Wenn ihr die Burg besetzt,
ZWEITER MANN: Die Kasse plündert,
DRITTER MANN: Den Soldatensold
FÜNFTER MANN: Und meine Rente!
VIERTER MANN: Ihr, das ist Tyrannei!
AUFSEHER *(zu den Frauen)*: Sagt mal,
Was wollt ihr eigentlich?
ERSTE FRAU *(sehr ruhig)*: Frieden, Männer.
Frieden. Weiter nichts.

(gewaltige Unruhe unter den Männern)

MÄNNER *(durcheinander)*: Da habt ihr es! Jetzt ist's heraus!
Hört ihr? Die machen Politik!
Erdreisten sich ...
Revolution ist das!
Mit Sparta ...

Sparta! Sparta!
Ohne uns zu fragen,
Frieden abzuschließen.

AUFSEHER: Pimmellose!
Was wißt ihr von Schwert und Spieß?
Wart schließlich nicht vor Marathon dabei!

ERSTE FRAU: Nein, Mann, das war'n wir nicht, wir Fraun.
Wir blieben Zuschauer.
(Rufe: Na also! Sagt sie's selbst. *Die Frau bleibt unbeirrt.)*
Jawohl.
Wir mußten zusehn, alter Mann,
Wie unsre Söhne starben:
Kinder, die wir euch gebaren.
Und wozu?
Damit sie wie ein Hund verreckten.
Wie ein Opfertier.
Ich weiß, was Krieg ist, Mensch.
Ich habe Söhne, die im Felde stehn:
Die wollen leben, du, versteht ihr das?
Ganz einfach *leben.*
Ist das nicht genug?
(Rufe von seiten der Männer)

ERSTER MANN: Ich hab's euch ja vorausgesagt:
Den Weibern darfst du nicht den kleinen Finger geben.
Ein Griff und deine Hand ist ab.
(guckt die Hand an)
Die drehen dir das Wort im Munde um.
Stellt euch doch einmal vor,
Die würden in der Volksversammlung reden, die!
Wir hätten keine Chance mehr, wir Männer,
Grad und aufrecht, wie wir sind.

ZWEITER MANN: Jawohl! Die reden uns noch tot
Mit ihren flinken Worten
Und den Satzgespinsten,
Die kein Mann von echtem Schrot und Korn
Verstehen kann.

DRITTER MANN: Schluß damit jetzt! Wir packen's, Jungs!
Auf, Meister, zieht die Jacken aus.
(alle tun's)

VIERTER MANN: Jetzt ist mir wohler.
Männerschweiß . . . darüber geht doch nichts.
Kommt, Leute, los.
ERSTE FRAU: Gut, wie ihr wollt. Wir sind bereit . . . und ob!
(die Frauen legen, auf einen Schlag und mit einem Griff, ihre Obergewänder ab und stehen barbusig da. Die Männer: hilflos, wie geblendet)
AUFSEHER *(pustet verzweifelt in die Feuerbecken, es entsteht wieder Rauch und Qualm, der die Frauen einhüllt. Einige Männer wollen den Aufseher hindern, die Sicht zu verhüllen: der Anblick dünkt ihnen denn doch gar zu schön. Allgemeines Durcheinander.)*
STIMMEN DER FRAUEN: Nun kommt schon her!
Die Sau ist los!
Die reißt euch um.
(Zischen, Wasserplatschen, totales Durcheinander, Wehklagen, Rufe)
Ist das ein Bad?
's wird Zeit, daß ihr euch endlich einmal wieder wascht!
(Gelächter) Habt ihr auch Seife mitgebracht?
STIMMEN DER MÄNNER: Hilfe! Weh! Was macht ihr da?
STIMME DER FRAUEN: Wie, schon genug?
STIMME DER MÄNNER: Verdammte Weiber!
ERSTE FRAU: Etwas kälter noch?
ERSTER MANN: O weh! Ich alter Mann! Ganz zittrig und blaß!
ZWEITE FRAU: Ich spritz' dich naß, dann wirst du grün.
ZWEITER MANN: Mein Zipperlein!
DRITTE FRAU: Da ist ein Guß gerade recht!
FÜNFTER MANN: Erbarmen! Ich bin krank und dürr.
VIERTE FRAU: Dann brauchst du Feuchtigkeit. Poseidon! Gib es ihm!
VIERTER MANN: Und ich! Ganz plötzlich schwach und welk!
VIERTE FRAU: Begießt ihn, Schwestern,
Daß er wieder blüht.
(Allgemeines Gelächter. Wassertöpfe, Becher und Schöpflöffel werden auf die Bühne geworfen. Die Frauen verschwinden, die Männer flüchten: Polizei! Polizei! Zu Hilfe doch! *In den abziehenden Qualm hinein Auftritt des Polizeioffiziers, eines älteren, bärtigen Herrn, den zwei jüngere Polizisten begleiten.)*
OFFIZIER *(zum Aufseher, der, sichtlich verwirrt, allein übriggeblieben ist)*: Was war hier los? Ein Kampf?
(Polizisten sammeln kopfschüttelnd die »Kampfgeräte«, von der Feu-

erpfanne bis zu den Löffeln, ein und legen sie auf einen Haufen. Der Offizier blickt den Aufseher an.)

Das sieht nach einem Schlachtfeld aus.
Der Mann braucht Hilfe.

(winkt Polizisten herbei)

Kommt.

(auf den Aufseher weisend)

Mensch, ist der fertig, der.
Man muß ihn trockenlegen, glaube ich.

(beguckt den Aufseher)

Wie einen Säugling.
(zu einem Polizisten) Den Mantel, Unteroffizier! Trockne ihn ab.
(zum Aufseher) Und nun erzähl. Was ist passiert?

(zeigt auf die Burg)

Die Frauen etwa?

(Aufseher nickt, während er abgerubbelt wird. Der Offizier riecht an der Holzpfanne und den versengten Kloben.)

Wolltet sie ausräuchern?

(Aufseher nickt, Offizier betrachtet die Wasser-Wurfgeschosse)

Attacke abgeschlagen?

(Aufseher nickt kläglich)

Mannschaft geflohen?

(Aufseher senkt den Kopf)

Einfach abgehaun?

(Aufseher schluchzend: Parole Marathon.)

Wolltet noch mal den Kriegsheld spielen, wie?
Die alte Garde alleweil dabei?
Geschieht euch recht.

(nimmt einen Schöpflöffel)

Da! Dilettantisch, die Aktion!
(macht eine Halbkreis-Geste) Von hinten muß man kommen,
Lieber Herr,
Mit List! Parole: Salamis!
Von vorne gehn nur Tölpel rein.

(verächtlich)

Bah! Bauern!
Ja, das habt ihr nun von eurem Unverstand.
Und so was nennt sich: Mann!
Kein Wunder, daß die Frauen immer dreister werden

Und am Ende glauben,
Sie bestimmten jetzt die Politik,
Nicht wir.
Sie entwürfen Konzeptionen,
Sie die Planung,
Sie die Friedensstrategien:
Wir aber schauten zu
Und assistierten bestenfalls dabei.
(höchst ägriert) Nein, das ist wirklich ärgerlich:
Die Burg besetzt,
Der Staatsschatz glattweg okkupiert,
Und der Tresor in ihrer Hand.
Ein tolles Stück, mein lieber Herr!
Woher nehm' ich das Geld, jetzt,
Um die Mannschaft auszuzahlen?

ERSTER POLIZIST: Wie? Es gibt keinen Sold?

ZWEITER POLIZIST: Kein Haushaltsgeld? Ich leb' allein!

OFFIZIER *(zum Aufseher)*: Da hast du's.
Sieh mir in die Augen, Mann!
Hierher!
(resigniert) Der ist doch tatsächlich kaputt,
Der schielt nur nach der Kneipe,
Der braucht einen Schnaps.
Was ist? Nun troll dich schon!

(Aufseher ab, Offizier zu den Polizisten)

Ich weiß jetzt, was wir tun.

(Geste)

Hier vorn: Ein Scheinangriff.
Vorspiel. Mehr nicht.
Und dann mit Brechstangen

(zeigt nach hinten)

Die Flügel ausgewuchtet *(Andeutung obszöner Geste)*: so!
Es wäre nützlich, denke ich,
Wenn wir Verstärkung holten.

(will mit den Polizisten abgehen, wird durch die sehr gelassen, beinahe gemächlich auftretende Lysistrate gehindert)

LYSISTRATE: Verstärkung, sagst du?
Ja, das wäre förderlich.
Da heute schon mal Waschtag ist,

Die Badestunde für das Militär:
Bring sie nur her!
Ökonomie, weißt du, ist meine starke Seite.

OFFIZIER *(sucht durch Straffheit seine Unsicherheit zu verbergen)*:
Du warst dabei?

(Lysistrate sieht den Offizier fragend an)

Ich meine: bei der Schlacht?

LYSISTRATE: Ach so, bei *der:* das war doch nur ein Spaß!

(Polizisten entrüstet)

Nein, ich war *nicht* dabei.

OFFIZIER: Wie? Und du kommst trotzdem von der Burg?

LYSISTRATE: Ich hab' mich ausgeruht. Das Schatzhaus ist bequem.
In meinem Alter braucht man manchmal Pausen.
Ein Schläfchen, weißt du, kein Problem.
's geht schon weiter, unterdes.
Man hat ja Helfer, Gott sei Dank.

(schaut auf den Gerätestapel, prüft kenntnisreich einige Haushaltsutensilien)

Da schau. *(Offizier schweigt)* Nun?
Gute Arbeit, findest du nicht auch?
Kein Feind mehr weit und breit.
Sieg auf der ganzen Linie.

(klatscht in die Hände, dann, à part, zum Publikum)

Der Einfall mit den nackten Busen übrigens
War nicht von mir. Ich war dagegen,
Wurde aber überstimmt. Sei's drum.

(lauter, wieder zum Offizier)

Es hat gewirkt!

OFFIZIER: Lysistrate! Noch mal: Warum habt ihr die Burg besetzt
Und, mehr als das,
Den Staatsschatz ausgeplündert
Und den Zufahrtsweg ringsum gesperrt?

LYSISTRATE *(sehr ruhig)*: Um euch den Geldhahn abzudrehn,
Denn ohne *(macht Geste des Zählens)* . . . dies: kein Krieg.

OFFIZIER *(lauernd)*: Was . . . hast . . . du . . . vor?

LYSISTRATE: Sehr einfach, Mann:
Uns Frauen als Finanzminister einzusetzen. Klar?
Ihr kriegt ein Taschengeld –
Aus Freundlichkeit.

Polizist *(verliert die Fassung)*: Das ist doch Aberwitz!
Hier geht es um Millionen, liebe Frau,
Und nicht um Gröschelchen!
Lysistrate: *(völlig unbeirrt)* Ganz richtig, lieber Herr!
Und diesen Unterschied
Kennt niemand besser als wir Fraun.
Ihr redet von Milliarden, Herr Beamter,
Wir aber zählen Pfennige!
Ihr macht die großen Worte,
Freiheit, Ehre, Vaterland und – das vor allem! – Krieg,
Die Zeche aber,
Wenn's ans Eingemachte geht,
Die zahlen wir.
(halb zum Publikum gewendet; sehr ernst, in anderem Tonfall als bisher)
Wie folgsam sind wir gewesen,
Wir Frauen,
Geduldig in Zeiten der Not
Und gehorsam im Krieg.
Nicht einmal zu seufzen
War uns erlaubt,
Das Weinen verboten:
Es konnte euch stören.
Wir schwiegen,
Wir blieben zu Hause,
Aber wir merkten uns gut,
Was ihr sagtet:
Gerede im Wirtshaus
Und lässige Worte im Rat.
Ach!
Die wichtigsten Dinge,
Krieg,
Leben und Tod,
Wie Hurengeschichten verhandelt.
Habt ihr gesehn,
Wie wir weinten?
Die Tränen bemerkt,
Wenn ihr heimkamt,
Lachend,

Ein bißchen betrunken:
»Sag«, fragten wir, »Lieber, was habt ihr beschlossen,
Am Morgen, gibt's Krieg?«
»Was geht das *dich* an?« hieß es dann,
»Krieg, Frau, ist Sache der Männer.«

OFFIZIER UND POLIZISTEN *(wie auf Kommando)*: Jawohl!

OFFIZIER: Und wird es auch bleiben.

LYSISTRATE *(ausbrechend)*: Nein, Mann! Das wird er *nicht!*
Der Krieg!
Jetzt handeln *wir*
Und warten nicht länger.
Ihr habt unseren Rat nicht gewollt,
Ausgelacht habt ihr uns:
Jetzt sind *wir* an der Reihe,
Und wir werden Griechenland retten
Und uns und *(sehr leise)* euch auch.

OFFIZIER *(höhnisch)*: Ach ja? Und darf man auch erfahren, Frau,
Wie *ihr* den großen Zwist,
Der Griechenland, wer weiß, vernichten wird –
Verworrenheit und Zwietracht überall –
Entknäueln wollt?

LYSISTRATE: *Entknäueln.* Das ist gut. Das trifft's genau.
(zum Publikum) Der Mann ist klüger, als man glaubt:
Hab' ich den unterschätzt?
(zum Offizier) Du solltest spinnen lernen, Offizier: Schau her!
(nimmt einen Löffel aus dem Requisitenhaufen, dem Relikt der Wasserschlacht)
Nun stell dir vor,
Das hier sei eine Spindel
Und das,

(reißt dem Offizier, der ›Au!‹ schreit – Diese Alte ist wirklich ganz und gar verrückt – *einen Büschel aus dem Bart)*

Das sei das Garn,
Verfilzt natürlich

(betrachtet den Haarschopf genauer)

Ist es auch,
Und darum mußt du's mit der Spindel auseinanderziehn,

(Geste)

Den einen Faden hierhin

Und den anderen nach dort.
Ganz einfach, wie?
Na, siehst du:
So entknäueln wir den Krieg,
(ironisch) Wenn du gestattest,
Ich bin grad dabei,
Die Fäden in ganz Griechenland
Durch meine Botinnen zurechtzuziehen.
Voilà, mein Freund!

OFFIZIER: Voilà!

(wirft den Löffel weg)

Garn! Wolle! Spindel! Hanf! Verfilzt!
Spinnstuben-Politik!

(anderer Ton)

Nein, das ist *zu* verrückt.

(zu den Soldaten)

Die hat bestimmt, als sie noch jung war
Und die Kinder wickelte,
Ihre Kommode für ein Rednerpult gehalten
Und Kaffeekränzchen für Weltpolitik;

LYSISTRATE: Vorsichtig, Mann!
Wenn *ihr* die Staatsgeschäfte
Wie wir Fraun das Garn behandelten:
Wir lebten beide im Schlaraffenland.

OFFIZIER: Da bin ich aber neugierig.

LYSISTRATE: Schön. Dann hör zu.

(geht ein paar Schritte auf und ab, dem folgenden Gleichnis durch die Pause Gewichtigkeit gebend)

Punkt eins:
So wie man aus der rohen Wolle
Erst einmal, bevor das Werk beginnt,
Den Unrat wäscht,
Die Merde und den Schmutz,
Genauso muß man das Geschmeiß rausspüln,
Das sich in der Regierung eingenistet hat:
Die Scheißkerle,
Geballt wie harter Kot.
Auch muß man – nun Punkt zwei –
Den Ämterfilz entklumpen,

Recht – du folgst mir doch? – nach Spinnstuben-Manier!
So lange klopfen muß man – dies: Punkt drei –,
Bis irgendwann die ganze Kumpanei zu Boden fällt:
Ab in den Kehrichteimer! Deckel zu!
So wird gearbeitet, wenn Hausfraun dran sind,
In der Politik!

(Pause)

Der vierte Punkt, der wichtigste.

(anderer, leiserer Tonfall)

Das Sammeln der Flocken:
Bürger und Fremde,
Gäste, die reich sind, und arme Schlucker,
Geschäftsfreunde, Flüchtlinge,
Bettler, die Herberge suchen,
Lest alles zusammen
Und spinnt aus den Flocken
Ein prächtiges Knäuel.
Das wird ein Mantel,
Bürger! Patrioten!
Auf *den* können wir stolz sein.

ERSTER POLIZIST: Hauptmann, ich halt's nicht länger aus!
Krempeln und Waschen und Klopfen und ...

ZWEITER POLIZIST: Was versteht die schon vom Krieg?

LYSISTRATE *(geht auf den Polizisten zu)*: Du junger Schnösel, du!
Weißt du denn überhaupt, wovon du sprichst?

(wechselt wieder zum Ernst)

Zwanzig Jahre Krieg!
Die ganze Jugendzeit vertan!
Kein Spiel und Tanz mehr,
Lachen und Geselligkeit
Und auch das Bett nicht, ja!
Du armer Kerl, du hast kein Mädchen,
Nein, du nicht,
Die alt geworden ist,
In ihre Jungfernkammer eingesperrt,
Verbittert, böse ... und warum?
Weil ihr nicht endlich, endlich
Frieden macht.

OFFIZIER: Ein altes Mädchen eben ... und?
Wir Männer altern auch!

LYSISTRATE: Oh, das ist etwas anderes!
Ein Mann: ja, *der* kann noch so grau und grämlich sein –
Sobald er heimkehrt,
Findet er ein junges Ding.
Für einen Mann ist es noch immer Zeit.
Ein spätes Mädchen aber –
Seht! Da habt ihr es: ihr lacht! –
Nein, die nimmt keiner mehr.
Fünf Jahre,
Gut, von mir aus zehn:
Wenn die vorüber sind,
Dann ist es aus,
Und was ihr bleibt
Sind Märchen.
Oh, ich kenne manche solche Fraun.
Sie träumen viel und werden wunderlich.
POLIZISTEN: Wir aber sind noch jung!
OFFIZIER: Ich auch. Ich kann noch viel:
Bei mir steht's gut!
LYSISTRATE *(stellt sich, Hände in den Hüften, vor dem Offizier in Positur)*: *Du,* Mensch?
Du bist ja schon beinahe tot.
OFFIZIER *(zurückweichend)*: Ich? Grade sechzig. Etwas mehr vielleicht.
LYSISTRATE: Dann wird es aber höchste Zeit,
Daß du verschwindest,
Du, mit deiner wirren Rederei.
Er steht, sagst du?
Jawohl: am Rand des Grabs steht er!
(Offizier immer weiter zurückweichend, auch die Polizisten sind eingeschüchtert – dieses Furioso hatten sie denn doch nicht erwartet)
Die Mumie braucht einen Sarg,
Kein Lotterbett,
Und statt des süßen Weins
Ein Stückchen Totenkuchen,
Zuckerplätzchen,
Die man den Verstorbenen
Zwischen die Zähne schiebt:
Die Überfahrt ist lang.
OFFIZIER *(schreiend)*: Gespenst, geh weg! Mein Schwert!

LYSISTRATE: Zu spät. Dir hilft kein Spieß mehr.
Du brauchst einen Totenkranz
Und eine Schleife.
Eine weiße Binde,

(greift in ihre Tasche)

So wie diese hier.

(legt sie dem Offizier um den Kopf, betrachtet den zum Toten Gestempelten mit Wohlgefallen)

So ist es richtig; Junge, du siehst prächtig aus.

(nimmt ihn bei der Hand)

Komm jetzt, Charon wird ärgerlich, wenn man ihn warten läßt.

OFFIZIER *(reißt sich los)*: Zu Hilfe, Leute, die bringt mich noch um!
Unteroffizier! Verhaftet sie!

(Polizisten gehen drohend auf Lysistrate zu)

LYSISTRATE: Rühr mich nicht an, Mensch!
Mistfink, Hände weg!

ERSTER POLIZIST *(zum zweiten)*: Du, schreib das auf! Das kommt ins Protokoll.

(zu Lysistrate)

Ich bin Beamter! Staatsbeamter und im Dienst.

ZWEITER POLIZIST *(Notizbuch zuklappend, Handschellen hervorholend)*: Verhaftet.

LYSISTRATE *(auf die Handschellen weisend)*: Mach das ja nicht, Mann.
Ich warne dich.
Wenn du mich nur berührst mit deiner Fingerspitze ...
Beiß ich zu.

(Polizisten packen Lysistrate)

LYSISTRATE *(zur Burg hin)*: Los, Mädchen,
Jetzt wird's ernst.

(Frauen stürmen die Bühne)

OFFIZIER *(schreiend)*: Halt! Das ist Aufruhr! Rebellion!
Darauf steht Arbeitshaus!

(die Frauen befreien Lysistrate)

KALONIKE *(zu den Polizisten)*: Ihr, faßt die nicht noch einmal an!
Sonst trampel' ich so lange auf euch rum,

(zum ersten Polizisten)

Bis dir die Kacke kommt.

(zum zweiten)

Dir ebenfalls.

OFFIZIER: Da! Habt ihr das gehört,
Und noch von einer Frau?
Macht eure Zoten im Theater,
Aber nicht vor uns!
Drei Tage kostet das!

MYRRHINE: Und deinen Bart dazu!

(zieht den Offizier am Bart. Die Männer werden hin und her gestoßen, große Ausgelassenheit, Frauen setzen den Verulkten Hauben auf, binden ihnen Schürzen um, drücken ihnen Löffel in die Hand.)

ERSTE FRAU *(salutiert)*: Jawohl, so könnt ihr bleiben, Jungs.

ZWEITE FRAU *(zum ersten Polizisten)*: Dich stell' ich gleich als Hausmann ein.

DRITTE FRAU *(zum zweiten Polizisten)*: Und dich als Lampenputzer.

LYSISTRATE *(zum Offizier)*: Und du wirst,
Was du jetzt schon tust,
Auch künftig weitermachen
(gibt ihm ein Körbchen und ein Wollknäuel):
Spinnen,
Doch im Kämmerlein, mein Freund,
Nicht auf dem Markt.
Denn Krieg ist
Von heute an
Sache der Frauen:
Sollt sehn, wie schnell der aus ist,
Wenn wir erst Minister sind
Und ihr sitzt zu Hause,

ERSTE FRAU: Kocht und flickt!

ZWEITE FRAU: Macht sauber, wickelt die Kleinen!

(Turbulenz, die Frauen staffieren die Männer vollends aus, drapieren sie mit Rüschen, geben ihnen Naschereien: Da! Süße Mandeln fürs Schätzchen *und jagen sie endlich hinaus.)*

OFFIZIER *(vorm Abgehen)*: O weh! O weh!
Die ganze Mannschaft auf der Flucht!
Zum zweitenmal besiegt.

LYSISTRATE *(zum Publikum):* Die haben uns,
Verehrte Damen, liebe Herren (oder umgekehrt),
Auch etwas unterschätzt,
Scheint mir.

OFFIZIER: Doch wartet nur! Das dicke Ende kommt noch, ja!

(in geiler Verzweiflung)

Das dicke Ende,
Das euch Mores lehren wird!
Soldaten her!

(schwingt den Kochlöffel, den man ihm in die Hand gedrückt hat)

Männer wie ich! Die Truppe raus!
Marsch! Marsch!

(Soldaten kommen auf die Bühne gelaufen)

LYSISTRATE *(pfeift wieder auf zwei Fingern)*: Kommt, Schwestern,
Packt sie, wo ihr könnt.

(Frauen mit Besen, Kannen, Feudeln gehen auf die Männer los)

Herbei! Herbei! Feldfruchtgemüsesamen . . .

(stockt)

Gib mir den Zettel,
Inspizient, ich kann das Wort beim besten Willen nicht behalten.

(Inspizient kommt mit einem riesengroßen Blatt Papier)

Herbei! Ihr Feldfruchtgemüsesamenei . . .

(stockt wieder)

Die Brille, rasch!

(Inspizient bringt, da die Soldaten Oberhand zu gewinnen drohen, blitzschnell die Brille, die Lysistrate-Darstellerin liest in Windeseile)

Herbei! Ihr Feldfruchtgemüsesameneierhändlerinnen!
Herbei, ihr Knoblauchkäserübenkümmelfraun!

(die Gerufenen kommen, jetzt und im folgenden, scharenweise herbei)

Bardamen, Hökerinnen, Liebesfeen,
Ihr Kräuterweiber, Pilzeleserinnen, Suppenhuhnmadames!
Auf! Packt sie! Kratzt, schlagt zu!
Schreit! Schimpft! Dreht ihnen Nasen, lacht sie aus!
Attacke! Zwiebelkohlradieschenschwestern! Ran!!

(Die Soldaten werden endgültig in die Flucht geschlagen. Das Licht erlischt langsam, Musik: von ausgelassenen Rhythmen übergehend in Flötenmusik, dann plötzliche Stille. Fahle Beleuchtung, Mond, große, leere Fläche inmitten der Burg von Athen mit einem Teil der Mauer, hinter der, spieß- und hornbewehrt, die Wächterin steht. Lysistrate abseits, allein.)

III

LYSISTRATE *(halb zu sich, halb zum Publikum)*: Hab' ich mich also nicht geirrt.

Wie immer, leider.
Nein, beliebt ist eine nicht, die recht behält.
Was hilft's

(schüttelt den Kopf)

»Jetzt haben wir's geschafft, Lysistrate,
Jetzt sind wir durch.
Die Männer abgeblitzt, und wir ...«
Und wir. Das ist es ja.
Die alten Kämpfer: pah!
Der Polizist, der mich verhaften wollte:
Armer Hund!

(imitierend)

»Ich bin Beamter!«
Die Soldaten:
Lächerlich!
Ein kaltes Bad
Und ein Scharmützelchen
Mit Schöpfkelle und Besenstiel:
Die Herren hatten schnell genug!
Die anderen jedoch, die Ehemänner, Buhler,
Freunde, Spießgesellen all der Frauen hier
Und dann die Schlitzhusaren erst,
Die Steigaufs und die Schürzenjäger,
Die seit drei Wochen schon
(So lange ist es her seit jener großen Schlacht,
Die Zeit vergeht hier oben rasch.)
Ohne Bedienung sind,
Die Kerls bedrohen uns

Mit ihren Spießen, riesengroß,
Und ihren Lanzen,
Wahren Ungeheuern, sag' ich euch.
Trotzdem, die Festung steht:
Noch! Doch wie lange: *noch?*
(dreht sich um, zur Tür, hinter der die Frauenwohnungen sind)
Ach, Mädchen!
Glaubt ihr wirklich,
Mir zerschnitt' es nicht das Herz,
Wenn sie da draußen stehn,
Die langen Kerls,
Und wenn Musik gemacht wird,
Hier ein Ständchen,
Dort ein Liebeslied?
(schließt die Augen, gerät ins Sinnen)

(Stimmen aus dem Hintergrund, aus dem Publikum, aus Lautsprechern, von überall her)

ERSTE STIMME: Ach komm doch, Schätzchen, für ein Stündchen nur.
ZWEITE STIMME: Laß dich am Seil herab, ich helfe dir.
DRITTE STIMME: Geh durch den Tunnel,
Den geheimen Gang,
Den niemand kennt,
Nur du und ich.
VIERTE STIMME: Komm! Stell dich einfach krank:
Du brauchtest einen Arzt.
Nein, besser noch:
Dein kleiner Junge hätte Ziegenpeter
Und sei unversorgt.
FÜNFTE STIMME: Sag, du erwartetest ein Kind,
Die Stunde der Geburt sei nah:
Unmöglich aber,
In Athenes heiligen Bezirken zu entbinden.
FRAUENSTIMME: Wie klug du bist, Geliebter.
Doch ob sie es glaubt, Lysistrate?
FÜNFTE STIMME: Nimm dir 'nen Helm
Und bind ihn vor den Bauch.
Sie ist schon alt
Und sieht nicht gut.

Lysistrate *(hochfahrend)*: Doch *hört* vorzüglich!
Und der Helm,
Der schepperte!
Ach, Kinder, Kinder!
Was für Ausflüchte!
(macht nach)
»Ich habe Handwerker im Haus
Und sollte unbedingt
Mal nach dem Schornsteinfeger sehn,
Der Rauchfang ist nicht in Betrieb.«
»Und ich hab' Wolle unten, du,
Die regelmäßig angefeuchtet werden muß.«
»Bleib hier«, hab' ich gesagt,
»Die Trockenheit schadet der Wolle nicht.«
(fällt aus der Rolle)
O je! Ist das ein Text!
Und dabei haben wir das Schlimmste schon gestrichen.
Nein, prüde waren diese Griechen wirklich nicht.
(wieder im üblichen Tonfall)
Wär' da nicht meine Myrrhine gewesen,
Kalonike, eine Handvoll von Besonnenen:
Der Vogelbauer stünde leer –
Husch, husch und abgeschwirrt!
(einige Frauen kommen)
Da sind schon *wieder* welche.
Bin gespannt,
Auf was für Einfälle
Die jetzt gekommen sind.
Erste Frau: Ich kann nicht mehr, Lysistrate!
Die Eulen in den Zweigen, überall,
Athenes Eulen,
Sehn so furchterregend aus.
Gelt, ich darf gehn?
Lysistrate *(zur zweiten Frau)*: Erst du da. Auch ein Tier?
Zweite Frau: Die Mäuse: ja!
Die Mäuse sind's!
Ich bin nicht ängstlich,
Aber Mäuse: nein!
Lysistrate *(zur dritten Frau)*: Und du? Ein Elefant vielleicht?

DRITTE FRAU: Du darfst mich nicht verspotten, Frau.
Es ist ... das Käuzchen, weißt du?
Wer kann schon schlafen, wenn der Totenvogel schreit?
LYSISTRATE: Sagt es noch einmal:
Erst die Eule,
Dann der Uhu,
Dann die Maus.
Ich höre, Fraun.
(Frauen senken die Köpfe, Schweigen. Andere Frauen treten hinzu.)
ERSTE FRAU *(leise)*: Du hast ja recht, Lysistrate.
LYSISTRATE: Recht, recht!
Der Drache!
Das verfluchte alte Weib hier,
Das – ich weiß, daß ihr so denkt – gut reden hat.
Doch irgend jemand *muß* doch kühlen Kopf bewahren:
Gerade jetzt, wo wir schon fast ...
(Murren)
Schön, schön, die Männer fehlen euch.
Doch *ihr* fehlt ihnen auch,
Und *sie* sind schlimmer dran: allein!
Durchhalten, Mädchen! Standhaft sein;
Die Männer sind es ebenfalls ...
Und eben das beunruhigt sie.
(Gelächter)
Wir schaffen es, nicht wahr?
Und wer *doch* einmal schwach wird,
Denke über das Orakel nach.
ZWEITE FRAU: Wie? Eine Prophetie?
KALONIKE: Von Athene?
LYSISTRATE: Nein. Vom höchsten Gott. Von Zeus.
(holt ein Papier aus ihrer Manteltasche)
Seid alle still.
(Tiefes Schweigen)
Siehe,
Sobald sich die Schwalben versammeln,
Alle gemeinsam,
An einem einzigen Ort,
Den Wiedehopf fliehend,
Den Vogel der Liebe,

Ihn mit der hoch aufgerichteten Haube
Und dem gewaltigen Schnabel,
Dann ist die Notzeit vorbei,
Und der gewaltig donnernde Zeus
Wird dafür sorgen,
Daß, was oben war,
Unten dann ist.

(Lange Pause)

KALONIKE: Das heißt also: Oben
Lägen dann wir
Und nicht mehr die Männer?

(Myrrhine gibt ihr einen Puff)

LYSISTRATE *(Kalonike streng anblickend und unbeirrt fortfahrend)*:
Wenn aber, wehe, die Schwalben
Sich untereinander entzweien
Und mit schwirrenden Federn
Aus dem heiligen Tempel entfliehen:
Vom selbigen Tag an
Wird »Schwalbe« heißen:
»Unzüchtig«, »buhlerisch«, »geil« und »verkommen«.

ERSTE FRAU: Bei Zeus! Das ist nur allzu klar!
ZWEITE FRAU: Es hilft nichts. Wir müssen gehorchen.
DRITTE FRAU: Kommt, Frauen, wir gehen hinein.
VIERTE FRAU: Wir folgen dem Orakelspruch.
FÜNFTE FRAU: Zeus! Wir verraten dich nicht.

(langsames Abgehen der Frauen, Myrrhine begibt sich auf Wache, Lysistrate, wie vorher, allein für sich)

LYSISTRATE *(tief durchatmend)*: Haah! Das ging grad noch einmal gut.
Um einen Daumen breit.
Wenn Lampito nicht bald gewonnen hat,
Sieht's duster aus für mich.

(nimmt den Orakel-Zettel heraus)

Das hättest du dir auch nicht träumen lassen,
Wie, Lysistrate,
Daß du noch mal Orakelsprüche
Formulieren würdest?

(liest)

»Buhlerisch, geil und verkommen« ...
Ein bißchen allzu dick ist das,

s' könnte knapper sein.
Doch überzeugend klingt es schon.
Zeus schätzt ja Worte,
Die ein bißchen rundlich sind.
Wo eins genügt, da nimmt er drei.
Nun ja, er ist ein Mann.

(schlägt den Mantel um sich, will ruhen, wird aber nach kurzer Zeit durch Myrrhine geweckt)

MYRRHINE: Lysistrate!

(etwas lauter)

Lysistrate!

LYSISTRATE: Ich bin nicht schwerhörig. Was ist?

MYRRHINE: Da war doch etwas, eben.

LYSISTRATE: Ja.

(lauscht)

Ein Vogel? Nein. Vielleicht ein Fuchs?

(lauscht)

Ein Wildschwein, das wird's sein.
Nein, auch nicht. Etwas Größeres.
Ein Mensch! Ein Mann!

MYRRHINE: Jetzt seh' ich ihn! Er läuft! Und wie! Doch nun . . .

LYSISTRATE: Er strauchelt, er verheddert sich.

MYRRHINE: Er fällt!

LYSISTRATE: O Aphrodite, hilf ihm wieder auf!

MYRRHINE: Sie hat geholfen! Da! Er steht!

LYSISTRATE: In ihrem Tempel. Ja! Gleich unter uns. Die Tür ist auf!
Er will hinein!

MYRRHINE *(schreiend)*: O Gott! Das ist Kinesias!
Mein Mann!
Kinesias mit unserm kleinen Sohn!

LYSISTRATE: Ein Wandersmann: Das Bündel und der Stock!
Nein, nein, kein Wanderer:
Ein Aphrodite-Pilger
Wie im Bilderbuch:
Das Kind, die Liebe, fehlt nur noch die Frau.
Du, Myrrhine,
Auf dich kommt es jetzt an.
Traust du's dir zu?

(Myrrhine nickt)

Ihn anzuschauen,
Auch ihm zärtlich tun, jedoch ...
(Myrrhine, nach einer Pause, wiederum nickend)
Auf *keinen* Fall, hörst du?
(Myrrhine nickt zum drittenmal)
Tatsächlich? Kind, ich bau' auf dich!
Wenn dieser Angriff jetzt,
(zählt an den Fingern ab)
Der ... vierte
– und der schwierigste –,
Zurückgeschlagen wird,
Dann, Myrrhine, wird auch der letzte sehn,
Der letzte Mann:
Die sind uns über,
Diese Frauen,
Keine Chance mehr für uns.
MYRRHINE *(sehr leise)*: Ja, dann wird Frieden sein.
LYSISTRATE: Durch deine Hilfe.
Und wenn Lampito es schafft.
(für sich)
Die Turnerin.
Wie's der wohl geht?
MYRRHINE: Was soll ich tun, Lysistrate?
LYSISTRATE: Du kannst doch kochen, wie?
MYRRHINE: Oh, schmackhaft!
Kohlrouladen, Erbsenbrei,
Matjes in Sahne, rote Grütze.
LYSISTRATE: Braten auch?
MYRRHINE: Sogar besonders gut,
Sagt jedenfalls Kinesias.
LYSISTRATE: Gut, dann röste ihn.
MYRRHINE: Kinesias?
LYSISTRATE: Wen sonst!
MYRRHINE: Wie? Meinen Mann?
LYSISTRATE: Du *mußt* ihn rösten,
Sag' ich dir,
Ihn schmoren lassen
(Jetzt versteht sie mich!)
Und, dann, am Spieß ihn so lang wenden,

Bis er richtig durchgebraten ist.
Da mußt du Hitze geben, Mädchen,
Rasch, dann etwas weniger,
Dann wieder mehr,
Soviel es irgend geht für ihn,
Doch nicht für dich.
Denk an den Schwur!

MYRRHINE: Bei Aphrodite: den vergess' ich nie!

LYSISTRATE *(Handbewegung: das will ich auch hoffen)*:
Ich bleibe unterdessen hier,
Empfange ihn,
Schür' dir das Feuer,
Und dann brat' ich ihn ein bißchen an.
Er kommt!
(zieht sich die Kapuze tief ins Gesicht, nimmt den großen Wächterspeer)
Das wird ein Schabernack!

KINESIAS *(mit dem Kindsbeutel auf dem Rücken näher kommend)*:
O weh, ich armer Kerl!
Das zieht und zerrt und zurrt,
Als läg' ich auf dem Rad!

LYSISTRATE *(den Speer vorhaltend)*: Halt, sag' ich! Hier ist Sperrgebiet!
(drohende Haltung)
Wer da?

KINESIAS: Ich.

LYSISTRATE: Offenbar ein Mann.

KINESIAS *(schaut an sich herab)*: Das kann man sagen, ja.

LYSISTRATE: Hau ab, Mensch. Hier kommt keiner durch!

KINESIAS *(bemüht, Lysistrate durch feierliche Rede günstig zu stimmen)*:
O hohe Wächterin,
Erhabene, die du Athenes Haus bewachst,
Höre mein Flehen an.

LYSISTRATE *(für sich)*: Wenn Männer etwas wollen,
Reden sie geschraubt.

KINESIAS: Herrin! Ich bitte dich,
Erbarm dich eines armen Manns.
Ruf mir die Myrrhine.

LYSISTRATE: Warum gerade die?

KINESIAS *(verneigt sich, zur Vorstellung, tief)*: Kinesias.
Wir sind verheiratet.
LYSISTRATE: Ach *der* . . . Kinesias. Den kennt hier jedes Kind.
Seid mir willkommen, lieber Herr.
Kinesias! Die Mädchen kichern schon,
Wenn euer Name fällt.
KINESIAS: Wie das?
LYSISTRATE: Aus Eifersucht, warum denn sonst?
Aus Neid auf solchen Mann!
Denn wenn sie Wein trinkt,
Deine Myrrhine,
Sagt sie zuerst:
»Kinesias, mein Liebster,
Auf dein Wohl!«
Ißt sie ein Täubchen,
Heißt es:
»Ach, das schmeckte meinem Kini auch!«
Und gibt es Süßigkeiten,
Kommen ihr die Tränen,
Deiner Frau:
»Der gute Mann«,
Schluchzt sie,
»Wenn er doch bei mir wär':
Er ißt so gern Konfekt!«
KINESIAS: Beim Himmel ja:
Mit Schokolade und Pistazien!
LYSISTRATE: Nun ja, ich will nicht übertreiben:
Auch andre Frauen reden über ihren Mann.
Doch was sagt Myrrhine darauf?
»Kinesias wiegt alle auf!«
KINESIAS: O ruf sie her! Die Liebste!
Allerallerliebste! Alleralleraller . . .
Ich halt's nicht mehr aus! Geh endlich, du!
LYSISTRATE: Na schön.
(hält die Hand auf)
Und wieviel gibst du mir?
Und wann?
KINESIAS: Ich – dir? Wenn du's verlangst, von mir aus gleich.
(schaut an sich herab)

Und alles, was ich hab'!

LYSISTRATE: Da hättst du früher kommen müssen ... Kinilein!

KINESIAS *(blickt Lysistrate nach)*: Und du, scheint's, auch!
Die trippelt ja.

(trippelt dabei selbst, von Erregung gepeinigt, auf der Stelle, dann zum Publikum)

Nein, liebe Freunde, nein!
Das ist kein Leben ohne Frau.
Ich mag nicht mehr,
Ich hab' es satt,
Und wär' das Kind nicht da:
Ich würde überhaupt nicht mehr nach Hause gehn.
Die Stube leer, die Küche kahl:
Was ich auch esse,
Mir schmeckt alles gleich.
Mein *lieber* Mann! Die hat gekocht,
Die Myrrhine,

(das Wasser läuft ihm im Munde zusammen)

Froschschenkelchen und zarte Täubchen!
Schnecken in Sauce! Schnepfen! Hühnerbrüstchen!
Gugelhupfe!
Oh, verfluchte Phantasie!

(Blick nach unten)

Die trägt mir noch den Starrkrampf ein!

MYRRHINE *(unsichtbar im Hintergrund)*: Wie ich ihn liebe,
Ach, Lysistrate ... ich kann nicht ohne ihn!
Doch er, der Ungetreue, Böse, will mich nicht.

(nach einer Pause im anderen Tonfall)

Sag ihm, ich schliefe schon!

KINESIAS: O Gott, die Stimme! Myrrhine!
Mein Schätzchen! Liebling,

(breitet die Arme aus)

Komm!

MYRRHINE *(leise)*: Zu dir, mein Schnucki.

(anderer Ton)

Nein.

KINESIAS: Ich rufe dich. Hast du's gehört, du süßes Mädchen?
Myr – rhi – ne.

MYRRHINE: Du rufst mich, ja. Aber du liebst mich nicht.

KINESIAS *(leise)*: Myr – rhi – ne.
MYRRHINE: So zaghaft spricht kein Mann,
Der etwas will.
KINESIAS: Nichts will? Nichts will? Dann eben so!
(brüllt)
Myrrhine!
MYRRHINE: Das war ein Schlachtruf
Und kein Liebesschwur.
KINESIAS *(verzweifelt, mal laut, mal leise)*: Myrrhine, Myrrhilein!
He! Rine!
MYRRHINE: Leb wohl, Kinesias.
KINESIAS: Leb wohl? Ich sterbe, Schätzchen, ohne dich!
MYRRHINE: Gute Nacht, mein Freund.
KINESIAS: Und unser Kind?
(voll Verzweiflung zum Kind im Beutel)
Sag »Mamma«, Kleiner,
Los, das kannst du doch!
(spricht vor)
»Mamma! Mamma!«
(dann zu Myrrhine)
Es hat dich schon vergessen, Rabenmutter, du!
(zum Kind)
Nun sag schon »Mamma«, du!
MYRRHINE: Ach, armes Mutterherz. Schön, um des Kindes willen.
(wird zum erstenmal für Kinesias, der Hoffnung zu schöpfen beginnt, ganz sichtbar)
KINESIAS *(während Myrrhines Kommen)*: Wie schön sie ist,
Die liebe Frau,
Sechs Wochen jünger,
Seit sie mich verließ.
So mädchenhaft,
Und wie sie mit mir schmollte, eben,
Spröde tat und doch so reizend war . . .
So *reizend* ja!
Die macht mich hin,
Die Frau!
MYRRHINE: Mein armer Liebling, du!
(Kinesias öffnet die Arme, aber Myrrhine läuft an ihm vorbei auf das Kind zu)

Du bist doch Mammas Kind, nicht wahr?
Ganz ruhig, Herzchen, bin ja bei dir,
Und der Papa tut dir nichts.
(gibt dem Kind einen Kuß)
Noch einen, kleiner Zuckerschatz?
KINESIAS: Hier stehe *ich!*
MYRRHINE: Wie? Einen dritten, süßer Nimmersatt?
KINESIAS *(immer unruhiger)*: Sag mal,
Was hast du dir da eigentlich gedacht?
Sperrst dich mit diesen Weibern ein,
Und ich – ich und das Kind –,
Wir können zusehn, wo wir bleiben unterdes.
(Pause)
Ich bin krank gewesen, Myrrhine.
MYRRHINE: Krank?
(besorgt)
War's schlimm?
KINESIAS *(ahnt Morgenluft)*: Ich hatte Schnupfen,
(steigert sich ständig)
Fieber, Grippe,
Pneumonie! Ich war beinahe tot.
's hätt' nicht viel gefehlt
Und unser Söhnchen wäre jetzt ein Waisenkind . . .
Ein halbes jedenfalls.
Myrrhine! Schätzchen! Sag doch was!
Dir geht's auch nicht besonders, was?
Du leidest mit uns, gelt?
(kommt ihr näher)
MYRRHINE: Faß mich nicht an!
KINESIAS: Ach, wenn du wüßtest, wie es bei uns aussieht, Maus:
Die Fenster blind von Staub,
Der Kehricht! Und der Abwasch erst!
Ich war nicht träge, ganz bestimmt nicht, nein,
Jedoch – ich bin nun mal ein Mann . . .
(an sich herabsehend)
Bei Zeus, ich bin's!
MYRRHINE: Es wird schon gehn.
KINESIAS: Zum Donner! Nein!

MYRRHINE: Kommt Zeit, kommt Rat.
KINESIAS *(in verzweifeltem Versuch, doch zum Ziel zu kommen)*:
Die Wolle kannst du in den Schornstein schreiben.
Doch. Da warn die Hühner dran.
MYRRHINE: Na und?
KINESIAS: Im Kleiderschrank sind Ratten.
MYRRHINE: Grüße sie von mir.
KINESIAS: Und Mäuse in der Putzkommode.
MYRRHINE: Sieht's possierlich aus?
KINESIAS: Der Hund . . .
MYRRHINE: Die Räude. Dacht' ich's doch.
KINESIAS *(ärgerlich und hingerissen zugleich)*: Ach, Myrrhine, ich geb' es auf.
Du! Häschen! Komm mit heim.
MYRRHINE *(nach langer Pause)*: Ja.
KINESIAS: Du . . . hast . . . ja gesagt?
MYRRHINE: Ja.
(Pause)
Wenn ihr aufhört, Krieg zu führen.
Ja. Wenn Frieden ist.
KINESIAS: Ach das nur. Doch, das machen wir.
Zu seiner Zeit, wie sich versteht.
MYRRHINE: »Zu seiner Zeit, wie sich versteht«,
Komm' ich auch mit.
Ich hab' geschworen,
Und du weißt doch:
Wenn ich einmal ja gesagt hab',
Bleibt's dabei.
KINESIAS: Ich *sag'* ja auch nichts, Liebling, nur . . .
(zögert, bückt sich)
Der Boden ist hier ziemlich weich,
Beinahe wie ein Bett,
Wir könnten doch . . . nur einen Augenblick.
MYRRHINE: Nein, Kini, es geht wirklich nicht.
Trotzdem: Ich mag dich, du.
KINESIAS: Du liebst mich also noch?
Hast dich am Ende nur verstellt?
Es stimmt, was mir die Wachfrau sagte?
Myrrhine! Geliebte! Leg dich her.

MYRRHINE: Aber Kinesias, doch nicht vor unserm Kind!

(zum Publikum)

Ein putziger Gesell, mein Mann,
Nicht wahr?

KINESIAS: Der Junge, richtig! Unser Kind, nein, das geht wirklich nicht.

Herr Inspizient! Wo ist er denn?

(Inspizient kommt, Kinesias gibt ihm das Bündel)

Bewahr das auf! Es wird gerade nicht gebraucht
Hier auf der Bühne.

(Inspizient ab)

Jetzt ist es weg. Komm, Myrrhine.

MYRRHINE *(beugt sich unter Kinesias' Assistenz zu Boden)*:
Nein, der ist mir zu hart . . . für dich, mein' ich.
Du könntest dich erkälten, Schatz,
Ein Rückfall – du warst krank.
Nein, bei Apoll,
Auf nackter Erde möchte ich das nicht.
Ich hol' ein Bett für uns.

KINESIAS: Gut, wenn du willst, Geliebte:
Hol ein Bett.
Es eilt zwar etwas, aber wenn du willst:
Nun schön.

MYRRHINE *(will weggehen, hält inne)*: Jedoch . . . da wäre noch mein Schwur.

KINESIAS: Ach, der. Weißt du

(hebt die Hand),

Den nehme ich auf mich.

(Myrrhine ab)

KINESIAS *(für sich)*: Die liebt mich. Liebt mich wirklich. Aphrodite:

(Kußhand)

Dank!

MYRRHINE *(kommt mit einem Feldbett)*: Da ist es schon! Rasch! Ausgezogen!

(Kinesias streift blitzschnell sein Hemd ab)

He, nicht das Hemd! Das *Bett* wird ausgezogen!

(Kinesias zieht das Bett aus, kommt näher)

Halt, Kini!

(auf das Feldbett schauend)

Du, da fehlt noch was.
Ja! Die Matratze fehlt!

KINESIAS: Matratzen brauch' ich nicht.

MYRRHINE: Kein Polster auf den Gurten! Nein, so mag ich's nicht ...

KINESIAS: Zuerst ein Küßchen.

MYRRHINE: Nun?

(Kinesias will mehr, Myrrhine läuft weg)

KINESIAS *(kann kaum noch an sich halten)*: Mach schnell!
Um Gottes willen, schnell!

MYRRHINE *(mit der Matratze)*: Schon da! Und die Matratze auch.
Jetzt ziehe ich mich aus.

(Kinesias hilft ihr hastig, Myrrhine schaut hoch)

Da fällt mir ein ...

KINESIAS: Ja, was ist *jetzt* denn noch?

MYRRHINE: Das Kopfkissen!

KINESIAS: Kissen? Haben wir noch nie gebraucht.

MYRRHINE: Doch heute schon.

(ab)

KINESIAS *(zu seinem Penis)*: Du wirst bewirtet wie ein Gott.

(brüllend)

Doch Götter warten nicht so lang!

MYRRHINE: Zur Stelle, Majestät. Und nun das Köpfchen hoch.

(für sich)

Das Bett, Matratzen, Kissen,
Wehe mir, was hol' ich jetzt?
War das schon *alles?*

KINESIAS: *Alles?* Endlich, Mädchen! Komm!

MYRRHINE: Erst den Unterrock!

(zögert, leise)

Du wirst mich nicht betrügen, wie?
Denk dran, du hast versprochen,
Daß ihr Frieden schließen wollt.

KINESIAS: Natürlich. Abgemacht ist abgemacht.

(Myrrhine hat den Unterrock ausgezogen, Kinesias ist schon etwas weiter, zieht sich gerade die Strümpfe aus)

MYRRHINE: Die Decken, Schatz! Du liegst ja bloß!

KINESIAS: Na und? Mir ist hier warm genug.
Ich muß ...

MYRRHINE: Sollst du ja auch. Ich bin gleich wieder da.

KINESIAS: Mit ihrem Bettzeug macht die mich noch wahnsinnig.
MYRRHINE *(zurückkommend)*: Schon da, jetzt wird sich aufgerichtet, Freund.
KINESIAS: Was heißt hier »wird«?
MYRRHINE: Dir täte etwas Salbe gut, glaub' ich.
KINESIAS *(schreiend)*: Nein!!! Bei Apollon!
MYRRHINE: Und bei Aphrodite: *ja!*
Ordnung muß sein im Bett.
(ab)
KINESIAS: Zum Teufel mit der Salbe, Frau!
MYRRHINE *(zurück)*: Wie? Meinst du diese?
(riecht)
Nein, die riecht wirklich nicht sehr gut.
(schaut aufs Etikett der Flasche)
Die falsche Flasche! Hier!
Verzeihst du noch mal deinem Dummerchen?
Da hat sie doch statt Nelkenbalsams
Rosenöl gebracht.
KINESIAS: Na wenn schon. Rosen, Veilchen, Nelken: einerlei!
Mir kommt's aufs Reiben an, nicht auf den Duft.
MYRRHINE: Mir schon. Es soll nach Hochzeit riechen
Und nach Frieden,
Süß und angenehm.
(ab)
KINESIAS: Zur Hölle mit dem Mann,
Der, ihr verfluchten Salben, euch erfunden hat!
MYRRHINE *(zurückkehrend)*: Dies riecht viel besser, was, das Tropfglas,
Findest du nicht auch?
KINESIAS *(stößt sie zurück)*: Ich *habe* schon ein Tropfglas,
Und das reicht für ein Jahrzehnt!
Komm, Zauberhexchen, leg dich hin,
Du alter Quälgeist, so ist's gut.
Und keine Salben, keine Decken mehr, hörst du?
MYRRHINE: Gewiß nicht, Schatz,
Bind mir die Schuhe auf
Und jetzt die Strümpfe und ...
Du stimmst doch für den Frieden, gelt?
KINESIAS: Nun, man wird sehn ...
MYRRHINE: Jawohl, das wird man gleich!

(rafft blitzschnell alle Kleider zusammen und verschwindet)
Da schaust du, was?

KINESIAS: Myrrhinile! Mein Täubchen. Weh mir! Sie ist fort.
Und ich: Entehrt! Verlassen! Hinters Licht geführt!
(richtet sich mühsam auf)
O Zeus! Was für ein Krampf,
Der mir den Rücken krümmt.
(versucht zu gehen)
(zum Publikum)
Ihr seht, ich lieb' sie immer noch,
Und eines Tags,
Wenn Frieden ist,
Dann kehrt sie heim,
Und dann gibt's keine Kissen,
Salben und Matratzen mehr,
Nur du und ich
Und unser Kind.
(schlägt sich vor die Stirn)
Das Kind!
Das hätt' ich fast vergessen!

(stürzt gekrümmten Leibes davon und wird am Bühnenrand vom Inspizienten mit dem Kindsbündel empfangen: Jubel und Freude. Kinesias nimmt das Bündel auf den Rücken, sucht den Ausgang, findet ihn nicht, verheddert sich vielmehr, gehbehindert wie er ist, immer mehr. Groteskanz, begleitet von den Frauen, die – erst wenige, dann immer mehr – einander aufmerksam machen und den Tänzer, in einer ständig burlesker werdenden Szene, verspotten.)

ERSTE FRAU: Da seht! Wie 'n Balkenträger
Tanzt der Mann.

ZWEITE FRAU: Ein Satyr!

DRITTE FRAU: Nein, ein Schauspieler:
Chorist in der Komödie!

VIERTE FRAU: Geh doch zu Aristophanes!
Der nimmt dich ganz bestimmt.

FÜNFTE FRAU: Von wegen Schauspieler! Der ist Soldat!
Komm! Auf, Gefreiter!
Hast ja 'n Säbel unterm Rock!

ERSTE FRAU: Was Säbel! Der kann doch nicht kämpfen, der!
Den packt die Gicht.

ZWEITE FRAU: Den Starrkrampf hat er.
DRITTE FRAU: Der braucht einen Arzt:
Mit der Geschwulst im Leib.
VIERTE FRAU: Ich glaub', das ist ein Akrobat!
Den hat's beim Aufhüpfen erwischt.
Jetzt geht's nicht mehr zurück.
(Kinesias tanzt immer verzweifelter, seine Schritte beginnen langsam zu werden)
ERSTE UND ZWEITE FRAU: Nun mal im Ernst:
Das kommt vom Krieg!
Vom Biwakieren im geflickten Zelt
Und vom verfluchten Dienst,
Dem *Stillgestanden,*
Das die Glieder steif sein läßt.
DRITTE FRAU: Rührt Euch, Soldat!
(wirft ihm ein Tuch zu)
VIERTE FRAU: Halt dich bedeckt! Nimm meinen Mantel, Mann!
(Tücher werden auf die Bühne geworfen, nach denen der hilflose Kinesias hascht)
MYRRHINE *(mit dem Wachspeer eilig auftretend)*:
Halt, Frauen, sag' ich, seid ihr toll?
Wenn euch Lysistrate in diesem Aufzug säh'!
(*Murren:* Ach, die ...)
Der Wachhund: sagt's doch gleich.
Und wenn's so wäre:
Brauchen wir ihn etwa nicht?
Schaut selbst: Sobald sie fort ist –
Nichts als Unverstand und Narretei!
Und Frieden: kein Gedanke dran.
(Murren)
Ja, murrt nur! War es *euer* Plan,
Die Männer so lang anzubraten,
Bis sie Frieden machen?
Hättet *ihr* ihn durchgeführt?
(Frauen senken die Köpfe)
Na seht ihr.
Geht ins Haus.
(Frauen langsam ab, Myrrhine hinunter)
Und du, mein Kinilein,

Du gehst jetzt schön nach Haus.

(zum Bündel)

Na, kleiner Sohn,
Stupsnase du?

(Kuß, wendet sich zu Kinesias um)

Ach, lieber schlimmer *ungetreuer* Mann.

(streichelt ihm die Haare)

KINESIAS: Nicht mehr, mein Schätzchen.

(hebt die Hand zum Schwur, Myrrhine holt den Arm herunter)

Das lassen wir doch lieber.
Ich weiß jetzt, was ich tu'.

MYRRHINE *(lächelnd)*: »Nun, man wird sehn.«

(Myrrhine ab)

KINESIAS: Wie? Ach, sie hat ja recht.
Jedoch sie wird sich wundern,
Meine Frau.

(zum Publikum)

Ich nämlich gehe jetzt ins Parlament
Und werde eine Rede halten,
Leute,
Die geht ins Geschichtsbuch ein,
Und Myrrhine,

(zum Bündel)

Die kommt zurück,
Mein kleiner Mann.

(Das Licht erlischt, Flötenmusik, die diesmal, anders als zu Beginn des zweiten Akts, in Festmusik übergeht: Marschrhythmen, elegant und schmissig zugleich. Großer Platz auf der Burg, Götterbilder, im Hintergrund der Prospekt des Parthenon.)

Finale

LYSISTRATE *(eilig herbeikommend, Frauen in ihrer Begleitung)*:
Sieg!
(packt die Frauen an der Schulter)
Hört doch, Frauen, Sieg!
Gewonnen! Lampito hat es geschafft:
Sie ist schon am Piräus,
Läuft den anderen voran!
Sieg! Friede! Sieg!
(Frauen umarmen sich, recken die Arme zu einem mächtigen, nunmehr gültigen V)
Die Opferkessel!
Kuchen und Gebäck!
Und dann das Faß natürlich
Mit dem Wein.
(Gottlob, daß niemand einen Meineid schwor!)
Und auch Musik!
Trompeten, Flöten, Zimbeln,
Alles, was ihr habt!
EINIGE FRAUEN *(vom höchsten Punkt der Mauer aus)*:
Sie kommen! Die Spartanerinnen!
Lampito voran!
(Begeisterung: Hoch Lampito!*)*
LAMPITO *(umarmt Lysistrate)*: Triumph! Wir Frauen sind im Ziel!
Die Männer . . . alle überrundet!
Wie Gazellen sind sie losgelaufen,
Die Spartanerinnen,
Eingeübt
(zeigt auf sich)
von Lampito
– Jede durchtrainiert und straff –,

Und hab'n die Männer stehenlassen,
Faule Böcke allesamt!
Wir war'n schon beinah am Taygetos,
Als die noch übern Sportplatz krochen.

(beugt das Knie vor Lysistrate)

Danke, Lysistrate,
Leicht war es nicht,
Das wußt' ich ja.
Jedoch: so schlimm am Ende wieder nicht,
Ich hab' ja die Gymnastik-Übungen.
Die lenken ab.

(macht, unter Assistenz einer Spartanerin – man ist mittlerweile, etwas außer Atem, eingetroffen –, einen Handstand)

Den Kopf nach unten
Und den Hintern hoch,
So steigt das Blut dir ins Gehirn
Und nicht woandershin.
Ja, das hat sich bewährt
In unserm Fall.

(sieht sich um, erblickt das Faß)

Sieh da,
Mein lieber Freund,
Der mit der Blume
Und dem schönen Strahl.
Darf ich?

(Lysistrate nickt, Lampito füllt sich einen Becher voll)

Hm, ist der reif geworden,
In der Zwischenzeit,
Der Bengel der!

LYSISTRATE *(lächelnd)*: O Lampito,
Was wär'n wir ohne dich!

(hebt die Hände: nichts!)

Ich wußte schon,
Warum ich dir vertraute:

(schaut sie an)

Ja, die reißt die andern mit;
Und die hat Kraft, dies Mädchen,
Und ein Köpfchen hat es auch –
Einerlei, wo's sitzt!

LAMPITO: Danke, Lysistrate!

(macht vor Begeisterung noch einen Handstand)

LYSISTRATE: Und nun zu uns.

(zu den Spartanerinnen)

Ihr trefft ein unbesiegtes Heer
Und kommt im rechten Augenblick.

(leise, zu Lampito)

Es wurde *aller*höchste Zeit!
An diesem Morgen nämlich hat Kinesias ...
Komm, Myrrhine, tritt vor,

(Myrrhine tut es)

Ihr kennt euch ja,
Ihr beiden,
Du und Lampito ...
Was wollt' ich sagen?
O verflucht! Wenn's überstanden ist,
Dann laß' ich nach,
Das geht mir immer so:
Die Rührung ist ein schlechter Kompagnon,
Wo's um Gedankenschärfe geht.
Ich muß mich setzen, Frauen.

(man sucht nach einem Sessel)

So viel geredet habe ich in meinem ganzen Leben nicht,
Bei Gott, der Text war lang.

(winkt Myrrhine heran, leise)

Dank dir, mein Kind,
Hast deine Sache gutgemacht,
Und ich ... ich konnte mich derweil etwas verschnaufen.

(der Sessel ist da. Lysistrate entrüstet, wieder in vertrautem Ton)

Was soll der Sessel hier?
Bin ich vielleicht ein altes Weib?
Ich rede von Kinesias,
Die ganze Zeit,
Was sonst?

(zu Lampito)

Der, weißt du, hat an diesem Morgen
Vor der Vollversammlung eine Ansprache gehalten,
Die ihm selbst Demosthenes
– Und der spricht wirklich gut! –

Geneidet hätte.
Ja, ein Meisterstück
– Und sehr ergreifend! –:
Wie er die Gefallenen,
Als ob sie lebten,
Für den Frieden sprechen ließ;
Wie er den Abgeordneten
Das Los der armen Leute,
Der Bauern und Fabrikarbeiter,
Schilderte,
Wie er – mit Tränen und doch klaren Sinns,
Der alte Schelm! –
Ausrief:
»Ein dutzendmal schon hat sich Sparta für Athen,
Athen für Sparta aufgeopfert.«
Und wie er schließlich – nicht zuletzt! –
Uns Frauen lobte,
Ohne die der Krieg so lange weiterginge,
Bis der letzte Mann gefallen sei.
MYRRHINE: Kinesias! Mein guter Mann!
LYSISTRATE: O Mädchen, welch Applaus,
Konfettiregen,
Taschentücher, durch die Luft geschwenkt!
MYRRHINE: Mein Gott, verzeih mir, Liebster, du!
LYSISTRATE: Beifallsstürme gab es,
Mehr, Orkane,
Wie's das Parlament noch nie erlebte.
Sogar die Veteranen, Polizisten
Und Geheimdienstoffiziere
Hielt es nicht mehr auf ihrem Stuhl.
Die Abgeordneten von rechts und links umarmten sich
Und drückten die im Mittelblock beinahe tot.
Das ist Beredsamkeit,
Hat unser Präsident gesagt
Und hat hinzugefügt ('s wurde allerdings auch Zeit):
»Da seht ihr's« (Nein, jetzt weiß ich wirklich nicht,
Hat das der Präsident gesagt, heut morgen,
Oder stammt das wieder mal von mir?)
(zu allen Frauen)

»Da seht ihr's, Frauen:
Wo der Krieg mit Blut, Gewalt und Rausch
Euch *überreden* will,
Da *überzeugt* der Friede
Durch ein sanftes Wort.«

(brausender Beifall, die Frauen umarmen sich)

MYRRHINE: Ich hab' es ja gewußt, mein Kini, hätte ich dich sonst geheiratet?

(Musik, Einzug der Gäste, Spartaner und Athener, Männer und Frauen in bunter Reihe, mit Beifall und Jubelrufen begrüßt. Auch die Veteranen marschieren ein, die Polizisten, von den Frauen mit besonderer Herzlichkeit willkommen geheißen, schließen sich an.)

AUFSEHER DER MARATHON-KÄMPFER *(erst zum Bildnis der behelmten Athene gehend, dann – das war die falsche Göttin – vor Aphrodites Statue)*: Dank, Göttin, Dank!
Wir sind den Helm nun los,
Die Bärte auch,
Den harten Käse
Und das Haferbrot.
Nein, keinen Krieg mehr jetzt und nie mehr Marathon!

(Beifall)

(anderer Tonfall, leise)

Aber am Herd den Wein zu trinken,
Wenn die Kloben knistern,

(Frauen drohen schelmisch mit dem Finger)

Die Kastanien zu braten
Und die Eicheln zu erwärmen,
Mann für Mann,
Und dir, mein Liebchen, schön zu tun,
Das lob' ich mir.

(Klatschen)

POLIZIST: Und im Sommer, Freunde,
Wenn Zikaden zirpen
Und die Traube, früh,
Zu reifen anfängt,
Und die Beeren sind schon weich,
Greif' ich nach der sanften, schwellendroten Feige,
Koste sie,
Und sie schmeckt honigsüß.

SPARTANER: Nein, niemals, Freunde,
Nehmen wir
– Hier unsern Schwur drauf! –
Ihn wieder auf, den Krieg.
ZWEITER SPARTANER: Krieg! Trunkenbold! Wüstling!
Den Tisch hast du uns umgeworfen,
Im Haus,
Den Wein verschüttet
Und die Reben abgebrannt.
ATHENER: O Frieden! Eintracht!
Aphrodites Gefährten:
So lang uns verborgen,
Wie schön
– Jetzt sehe ich's endlich –,
Wie sanft ist euer Gesicht,
Der Kranz um die Stirn,
Das Weinlaub im Haar.
MARATHONKÄMPFER: Männer!
Denkt an die Zeit,
Wie wir lebten,
Lang lang ist's her,
Den Frieden, Männer, bedenkt:
O süßer Most!
Veilchen am Brunnen,
Die zarten Oliven
Und die Borde, hochgefüllt
Mit eingemachtem Obst.
FRAUEN *(einzeln, mit Opferkrügen in die Mitte tretend)*:
Laßt uns beten:
Friedensgöttin,
Herrin der Liebe
Und der bräutlichen Lust,
Nimm es in Gnaden an,
Unser Opfer,
Und laß mich dich,
Göttliche,
Schauen!
ANDERE FRAUEN: Nie wieder Angst und Waffengedröhn!
ANDERE FRAUEN: Göttin!

Vor Sehnsucht nach dir,
Jahr für Jahr,
Wurden wir alt.
Jetzt aber ende den Zwist
Unter uns;
Und die Früchte des Krieges,
Laß sie verdorren.

ERSTE FRAU: Aber Melonen bring uns zurück!

ERSTER MANN: Knoblauch und Frühlingsgurken!

ZWEITE FRAU: Zwiebeln und appetitliche Wachteln!

ZWEITER MANN: Gurken und Lauch!

DRITTE FRAU: Und die Körbe voll Fisch,
Riesige Aale,
Stark wie ein Pfahl
Und feucht noch vom Meer.

VIERTE FRAU: Bring sie zurück,
Uns und den Nachbarn!

VIERTER MANN: Und Braten bring uns!
(wie in Trance)
Entrecote!

FÜNFTER MANN: Küchenduft und Tellergeklapper!

FÜNFTE FRAU: Und den Balsam der Freundlichkeit
Sollst du uns schenken,
Den kühlen Wein,
Der zum Verzeihen lädt,
Und, perlend auf den Wiesen am Morgen,
Den Tau der Versöhnung.

MÄNNER UND FRAUEN *(abwechselnd)*:
Gemeinsam stimmen wir an diesem Tag
Die Lieder an,
Und jeder in der Bürgerschaft,
Der Sklave und der freie Mann,
Kind und Greisin,
Gast und Gastarbeiter,
Alle sollen gleich willkommen sein!

FRAUEN: Und Geld, soviel ihr wollt!
Denn das verwalten *wir,*
Ja, dabei bleibt's!
Und wenn ihr mal so zwei-, dreihundert braucht:

Wir borgen gern
Und geben's aus –
Ganz ohne Zins.
MÄNNER UND FRAUEN *(durcheinander)*: Ja! Für Spitäler!
Hundeheime!
Kindergärten!
Hafenschuppen!
Obstplantagen!
Kammerspiele!
ALLE: Aber für Kasernen nichts!
Der Krieg war lang genug!
Der Sorgenvorrat reicht!
(wer noch bewaffnet ist, wirft Schwert und Spieß auf einen Haufen)
MÄNNER: Und jetzt den Wein!
(alle: Den Wein! Den Wein!)
LAMPITO: Ich schenke aus!
(Jubel)
LYSISTRATE: Und weil heut Festtag ist
Alles umsonst! *(geht nach vorn)*
Kommt, Freunde, tretet vor!
Spartaner: hier!
Und ihr, Athener: dort!
Führt eure Frauen,
Eure Männer heim!
Es kann auch durcheinander gehn,
Ganz wie es euch beliebt:
Nach Sparta die Athener
(Oder umgekehrt),
Der Mann, wenn er ihn liebt, zum Mann,
Die Frau zur Frau.
Wir sind,
Das haben wir gezeigt,
Nicht prüde hier.
Nun aber, da nach vieler Müh,
(zum Publikum: O je, ein zweites Mal mach' ich das nicht!)
Nun, sag' ich, da der Ausgang glücklich war,
Laßt uns zu Ehren Aphrodites tanzen
Und dabei geloben:
Dieses, Göttin, war der letzte Krieg.

(alle heben die Hände)
Dank euch, ihr Freunde hier in meinem Haus:
(zu den Frauen)
Ihr habt mir's leichtgemacht.
(zum Publikum)
Ihr auch.
(zu den Männern)
Ihr – etwas weniger.
Trotzdem: Was will man mehr von einem Schluß?
(Die Kasse freilich: die stimmt leider nur im Spiel.)
(während die Walzermusik beginnt)
Auf!
Myrrhine, nimm den Kinesias,
Umarmt euch, Kinder, jetzt ist es erlaubt.
Und Lampito zu Kalonike:
Eure Männer schauen zu solang.
Die drei Minuten wird's wohl auch noch gehn.
(zur ersten Frau)
Du, schönes Kind,
Du stellst dich an die Seite dieses Offiziers,
Der ohne Bart beinahe wie ein junger Mann aussieht.
(zum Offizier)
Der Haftbefehl – erledigt?
(Offizier macht eine Geste: abgetan, der Fall)
Danke, Hauptmann,
Und die Wolle nicht vergessen, denk daran:
Das Spinngarn, das jetzt von der Rüstungs-Kumpanei
Entklumpt sein will,
Du siehst, es gibt noch viel Geschäft.
Ich aber
(zum Aufseher)
– Darf ich bitten? –
Wähle mir als Partner diesen braven Mann.
»Dir, mein Liebchen, schön zu tun!« –
Das hast du gut gesagt,
Du alter Räuchermeister, du!
(zu den Frauen)
Auf! Blast und fiedelt!
Steckt Blumen ins Haar,

Schmückt euch,
Schlagt mit den Händen den Takt
Und suche jeder, wen er begehrt:

(zu Männern und Frauen)

Laßt,
Einer dem andern vertrauend,
Frieden sein,
Beide!

(zum Publikum)

Ihr aber, liebe Freunde,
Wollt besorgt sein,
Daß der Wunschtraum dieses kecken Stücks,
Versöhnung, Frieden und Geselligkeit
– Und Freundschaft zwischen jedermann! –,
Nicht nur Theatermärchen bleibt.

(geht zum Aufseher, reicht ihm den Arm. Die Musik wird lauter, Kinesias und Myrrhine tanzen ausgelassen. Lampito verführt Kalonike zu einem Grotesktanz: Springen mußt du! Springen! Kind, du hopst ja nur! *Wenig später, nachdem die Paare, Räucherer und Naßgießerinnen, Feldgendarmerie und Liebesdienerinnen, sich präsentiert haben, treten alle zurück – der Aufseher nach einer chevaleresk-zivilen Verbeugung –, Lysistrate tritt an die Rampe, wo ein junger Spartaner, ein Tänzer, der im Vorhergehenden der Mittelpunkt war – anmutig und grazil wie der junge Frieden –, ihr eine rote Rose überreicht, die sie sich, eine Sekunde lang plötzlich ganz jung, mit einer koketten Bewegung, den Kopf zurückgeworfen, ins Haar steckt. Vorhang.)*

Nachbemerkung

Prolog für die Schauspielerin Ida Ehre:

LYSISTRATE *(in einem Sessel sitzend):*
Seltsames Volk, die Dichter:
Nathan, König Philipp, Lear,
Der greise Faust: Nur Männer.
Alles Männer.
Ja, wenn einer über sechzig ist,
Ein Schauspieler,
Dann tut er gut daran, ein Mann zu sein.
Denn eine Frau
(Ich nehm' den Dürrenmatt und ein paar andere Poeten aus,
Sehr viele sind es nicht),
Denn eine Frau, sag' ich,
Die nicht mehr Gretchen oder Minna
Und auch nicht mehr Marthe Schwertlein ist,
Die darf in Nebenrollen greinen,
Darf als alte Amme, Tante oder Nachbarin
Die Hände ringen: so *(macht eine tickhafte Alte nach),*
Ein bißchen seltsam schon,
Verwirrt und liebenswert,
Während die Männer ihren großen Auftritt haben:
O armer Lear! Mein edler Philipp!
(ironisch imitierend) Weh! Der König hat geweint.
Papperlapapp!
Als ob der weise Jude Nathan
Nicht genauso gut, in aufgeklärter Zeit,
Von einer Frau zu spielen wäre
Und der Geizige, nach Molière, erst recht

– Sind etwa nur die Männer Knicker? –,
Als ob (da wir schon mal beim Okkupieren sind,
Wird gleich ringsum geplündert)
Aristophanes' Lysistrate
Nicht besser einer Älteren anstünde,
Einer Dame, die zu überzeugen weiß
Und Menschenkenntnis, Weisheit und Geduld vereint,
Als einer noch so schönen jungen Frau.
's wird also Zeit (wird *höchste* Zeit),
Daß wir uns unsre Rolle selber machen,
Wir, Stiefschwestern der Stückeschreiber. *(steht auf, zum Publikum)* Schaut mich an und entscheidet selbst,
Verehrte Damen, liebe Herrn,
Wenn ihr dies Stück gesehen habt,
Ob eine jüngere als ich
So überzeugend Frieden schaffen kann,
Daß jedermann mir's nachtun müßte.
Vorhang auf! Das Spiel beginnt.
(Der Sessel wird weggeräumt, der Vorhang geht auf: Leere Straße, ein paar Häuser, im Hintergrund die Burg von Athen: Aufgang, Mauer, Prachttor)
Dies ist Athen, und es herrscht wieder einmal
– Und noch immer! – Krieg,
Ein Krieg, den ich, Lysistrate, beenden will –
Durch meinen Plan.